Karl-Friedrich Schmidt

Schinkenräuchern – das neue Hobby

Karl-Friedrich Schmidt

Schinkenräuchern – das neue Hobby

Ein Leitfaden für Räucherfreunde, Hobbyköche und Wildbretkenner

Mit 23 Abbildungen, davon 16 farbig,
im Text und auf 4 Tafeln

Verlag Paul Parey · Hamburg und Berlin

CIP-Kurztitelaufnahme der Deutschen Bibliothek

Schmidt, Karl-Friedrich
Schinkenräuchern – das neue Hobby : e. Leitf.
für Räucherfreunde, Hobbyköche u. Wildbretkenner /
Karl-Friedrich Schmidt. – Hamburg ; Berlin :
Parey, 1984.
ISBN 3-490-19415-2

 Anschriften: Spitalerstraße 12, 2000 Hamburg 1; Lindenstraße 44–47, 1000 Berlin 61. Printed in Germany by Westholsteinische Verlagsdruckerei Boyens & Co., Heide/ Holstein. Umschlaggestaltung: Jan Buchholz und Reni Hinsch, Hamburg, unter Verwendung eines Photos von Ursula Sonnenberg, Hamburg.

ISBN 3-490-19415-2

Vorwort

Lieber Schinken- und Räucherfreund!

Den vorliegenden Ratgeber habe ich für Liebhaber edler und ausgefallener Schinkenspezialitäten verfaßt. Er soll interessierte Hobbyköche, Grill- und Räucherfreunde, Individualisten, Freunde der Jagd und andere Wildbretkenner in die Lage versetzen, leicht und ohne großen Aufwand an Zeit und Geld die köstlichsten Schinken zuzubereiten, und das zu Hause – im eigenen Räucherschrank.

Das Räuchern von Schinken ist für Laien tatsächlich noch gar nicht beschrieben worden. Aufgabe meiner Anleitung ist es deshalb, ihnen dieses neue, interessante Hobbygebiet zu erschließen, womit zugleich auch dem allenthalben zu hörenden Ruf nach deftiger Hausmannskost entsprochen werden kann.

Wenn man bedenkt, daß jetzt endlich z. B. Wacholder-, Kümmel- oder Wildschinken nach eigenem Geschmack gewürzt und mit selbst zusammengestellten Räuchermaterialien haltbar gemacht werden können, wobei sich auch noch eine Menge Geld einsparen läßt, dann bietet dieses Buch allein schon durch seinen Pioniercharakter eine willkommene neue Alternative.

Abgesehen von einigen Landwirten und ein paar sonstigen „Eingeweihten", die das Schinkenräuchern seit jeher betreiben, ist dieses spezielle Anwendungsgebiet im Privathaushalt noch so gut wie unbekannt. Das ist schon deshalb schade, weil das Schinkenräuchern im Grunde eine ganz einfache Sache ist, die jedermann rasch und problemlos erlernen kann. Voraussetzung ist lediglich, daß er sich ein wenig mit meiner Anleitung beschäftigt.

Dieser Ratgeber wurde ganz bewußt einfach und praxisorientiert geschrieben. Das ihm zugrunde liegende Know-how ist das Ergebnis jahrelanger eigener Versuche und Erfahrungen. Die Anleitungen erheben keinen Anspruch auf Vollständigkeit und verzichten auf die Beschreibung von Methoden der gewerblichen Schinkenherstellung. Das würde den vorgegebenen Rahmen sprengen und wäre den Schinken- und Räucherfreunden auch keine Hilfe. Erklärtes Ziel ist es vielmehr, ihnen zu zeigen, wie sie Schinken nach eigenen Wünschen mit Erfolg selbst räuchern können. Dazu tragen grundlegende Hinweise, nützliche Tips und praktische

Winke ebenso bei wie 60 appetitanregende, leicht zu verwirklichende Spezialrezepte.

Von einem bin ich schon jetzt überzeugt: Wenn Sie Ihren ersten selbstgeräucherten Schinken probieren, wird Sie meine Idee, das Räuchern von Schinken als neues, vielversprechendes Hobby zu erschließen, endgültig überzeugen. Viel Freude an dieser delikaten Liebhaberei und gutes Gelingen wünscht Ihnen

Calw-Altburg, im Frühjahr 1984 — Karl-Friedrich Schmidt

Inhalt

Schinken, Spargel, Koteletts
sind doch mitunter etwas nett's
Wilhelm Busch

Vom Schinken
(oder eine köstliche Schweinerei)

Kleine Schinkenkunde – leicht verdaulich

Hand aufs Herz, wem läuft nicht das Wasser im Munde zusammen, wenn er an einen herzhaft gewürzten und in delikatem Eichen- oder Wacholderrauch geräucherten Schinken denkt.

Bestimmt werden die meisten Genießer der Aussage des dichtenden Malers Wilhelm Busch zustimmen und die fleischige Köstlichkeit Schinken als lukullischen Genuß hoch preisen.

Bevor dieser Ratgeber die eigentliche Praxis der Hobby-Schinkenräucherei beschreibt, möchte ein kleiner Überblick ein bißchen Ordnung in die mannigfaltigen Schinkenbezeichnungen und -sorten bringen. Wer sich also die folgenden Zeilen aufmerksam zu Gemüte führt, wird in Kürze ein richtiger „Schinkenologe" sein.

Nun, was ist eigentlich genau unter „Schinken" zu verstehen?

Schinken ist einfach und schlicht nichts anderes als die Keule oder der Schlegel meist des Hausschweines, seltener auch des Wildschweines, ferner des Kalbes und der verschiedenen Wildtiere, wie Rot- und Damwild, Reh, Bär und Dachs, aber auch des Schafes. In der Sprache der Fleischer werden mit Schinken sowohl die ganze Keule als auch die einzelnen Teilstücke und Erzeugnisse bezeichnet, die aus ihr hergestellt werden. Alle übrigen Teile des Schlachttier- und Wildtierkörpers sind also keine Schinken, obwohl landläufig so manche Räucherware als „Schinken" benannt wird. Nicht alles, was Schinken heißt, stammt von der Keule bzw. vom Schlegel. Der Schweinvorderschinken z. B., auch Bug oder Schulter genannt, darf nicht einfach als Schinken bezeichnet werden, sondern muß entweder Bugschinken oder exakt Vorderschinken heißen.

Sämtliche vorkommenden Schinkensorten können in eine der beiden großen Schinkengruppen eingereiht werden, nämlich in Rohschinken oder in Kochschinken. Von Rohschinken spricht man deshalb, weil das Fleisch roh ist und trotz verschiedener Behandlungsverfahren wie Pökeln und Räuchern auch roh bleibt. Die Bezeichnung Kochschinken macht deutlich, daß dieser Schinken im Gegensatz zum Rohschinken immer nach der Pökelung noch gekocht wird.

Zur Gruppe der Rohschinken gehören wohlklingende Namen wie z. B. Knochenschinken, Rollschinken, Nußschinken, Schwarzwälder Schinken, Schinkenspeck, Rinder- und Wildschinken. Die Rohschinken stellen den Löwenanteil aller Schinkensorten, während es bei Kochschinken nur ganz wenige gibt, wie z. B. den Bug- oder Vorderschinken und den Kochschinken (vom Schlegel). Beide Sorten stammen vom Schwein, während der Rindersaftschinken aus der Rinderkeule geschnitten wird. Für den Knochenschinken, z. B. den westfälischen, wird die ganze Schweinekeule mit Röhrenknochen und Schwarte verwendet. Er hat von allen Schinkensorten die längste Herstellungszeit, die mit Pökeln und Räuchern zwischen zwei und drei Monaten liegen kann. Diese Tatsache erklärt auch den relativ hohen Preis des Knochenschinkens. Der Rollschinken ist mit der beliebteste Schinken in Deutschland. Er besteht aus der knochenlosen Keule, ohne Schwarte, und hat nur wenig Fett. Er wird gerollt und mit kräftigem Wurstgarn umwickelt und geschnürt, ähnlich dem Rollbraten. Zum Nußschinken wird das nahezu fettfreie Nußstück aus der Schweinekeule genommen. Der Schwarzwälder Schinken stellt, genauso wie der westfälische Knochenschinken, eine regionale Besonderheit dar. Er wird viel stärker geräuchert und hat deshalb ein intensiv dunkles Aussehen. Auch wird er nicht selten mit hocharomatischem Tannen- oder Fichtensägemehl geräuchert.

Lachsschinken ist nicht aus der Keule und muß demnach einen Zusatz, in diesem Falle „Lachs“, tragen. Die Bezeichnung resultiert aus der lachsartigen Färbung des Fleisches. Für den Lachsschinken finden nur die inneren Kernfleischstücke von Kotelettsträngen jüngerer Schweine Verwendung. Lachsschinken ist völlig mager, sehnen- und hautfrei. Er wird oft mit einer dünnen Scheibe Speck umwickelt, in Naturhaut oder Folie eingeschlagen und erhält dann durch mildes Pökeln und schließlich durch das Räuchern die intensive Rotfärbung.

Dörrfleisch, auch als magerer Speck oder Bauchspeck bezeichnet, ist durchwachsener Speck vom Schweinebauch mit oder ohne Knochen (Rippen). Rinderschinken oder Rinderrauchfleisch kann aus verschiedenen Teilen des Rindes hergestellt werden. Nach der Pökelung und Trocknung wird das Fleisch noch im Kaltrauch geräuchert. Rinderrauchfleisch ist eine beliebte Spezialität, die sich durch arteigenen Wohlgeschmack auszeichnet. Wildschinken von Wildschwein, Hirsch, Reh und Dachs, auch von Bär und Gamswild, sind seltene und daher sehr wertvolle Rohschinkenspezialitäten, die durch extravaganten Wildgeschmack bestechen. Bei allen Wildtieren spielt nur die Keule für die Schinkenräucherei eine Rolle.

Der gekochte Schinken entstammt sowohl der Keule als auch der Schweineschulter. Kochschinken aus der Keule ist magerer, der aus dem Bug etwas fetter. Von vielen Genießern wird aus geschmacklichen Gründen der Bug- oder Schulterschinken bevorzugt. Kochschinken wird nur sehr mild gepökelt, evtl. im Warmrauch eine knappe halbe Stunde geräuchert und dann gekocht. Beim Hinter- und Vorderschinken werden in der Regel die Schwarten nicht abgetrennt.

Rindersaftschinken ist ebenfalls ein Kochschinken, wird aus der Rinderkeule geschnitten, auch leichter gepökelt und gekocht. Die Kochschinken haben alle gemeinsam, daß sie in rechteckigen oder runden Aluminiumkochformen gegart werden. Für den Schinkenfreund ist es aber nicht unbedingt nötig, sich eine solche Spezialform anzuschaffen. Es funktioniert auch mit einer Schinkenkochdose zum halben Preis. Im entsprechenden Kapitel wird Näheres angegeben.

Schweinefleisch mitsamt der Haut,
eß' ich gerner als das Kraut
(Spruch auf einer Ofenkachel in einem schwäbischen Bauernhaus)

Das Fleisch, aus dem der Schinken ist

Kleine Fleischkunde

Der Rohstoff, um den sich beim Schinkenräuchern alles dreht, ist das Schlegel- oder Keulenfleisch der Schlacht- und geeigneter Wildtiere. Die größte Rolle spielt das Schweinefleisch, von untergeordneter Bedeutung sind Rind- und Kalbfleisch. Wildkeulen von Rot- und Damwild, Gamswild und Schwarzwild werden wesentlich seltener zu Schinken verarbeitet. Dies hat zum einen den Grund, daß nicht genügend Wild zur Verfügung steht, zum anderen ist Wildkeule ein relativ teures Rohprodukt, aus dem in der Wildküche viele begehrte Gerichte gezaubert werden können. Wildschinken wird deshalb immer eine seltenere und damit teure Angelegenheit sein.

Das für die Schinkenherstellung verwendete Keulenfleisch hat ungefähr folgende stoffliche Zusammensetzung:

20 %	Eiweiß
4–6 %	Fett
1 %	Kohlenhydrate
1 %	Mineralstoffe

Vitamine und organische Säuren
Der Rest ist Wasser

Der allseits bekannte Spruch ,,Fleisch ist ein Stück Lebenskraft'' hat somit seine Berechtigung. Das tierische Eiweiß hat eine wesentlich höhere biologische Wertigkeit als das pflanzliche, da es in seiner Zusammensetzung dem menschlichen Eiweiß am nächsten kommt. Es kann zu einem großen Teil direkt in körpereigenes Eiweiß umgewandelt werden, im Gegensatz zu rein pflanzlichem, z. B. Getreideeiweiß. Der Fettgehalt des mageren Muskelfleisches ist sehr gering und daher kaum sichtbar. Wird jedoch die Fettabdeckung am Schinken beim Zuschneiden belassen, so ist ein solcher Schinken naturgemäß fetter, was aber durchaus dem Geschmack zugute kommt. Ein fettdurchwachsener geräucherter Schweinebauch oder ein geräucherter Schweinehals (Kamm) schmeckt aufgrund seiner Fettmarmorierung in der Regel besser, da mit dem Fett wertvolle Geschmacksstoffe verbunden sind. Daneben läßt ein geringer Fettanteil im oder am Schinken das geräucherte Endprodukt nicht so schnell austrocknen.

An Mineralstoffen enthält das Fleisch vorwiegend Kalium, Calcium, Natrium, Phosphor und Eisen. Von den lebensnotwendigen Vitaminen spielen hauptsächlich die Vitamine der B-Gruppe eine Rolle. Eine genaue Übersicht über die stoffliche Zusammensetzung verschiedener Fleischarten und Fleischerzeugnisse ermöglicht die auf S. 14/15 stehende Nährwerttabelle.

Die Verdaulichkeit des Fleisches ist unterschiedlich. Sie ist abhängig von der Tierart, dem Alter und vom Fettgehalt der Fleischpartie. Fettreiches Fleisch bzw. fettreicher Schinken ist auch immer etwas schwerer verdaulich als magere Stücke. Die Fleischgüte oder Qualität ist naturgemäß starken Schwankungen unterworfen. Sie ist von mehreren Faktoren abhängig. Die wichtigsten sind Rasse, Fütterung, Haltung und Geschlecht. „Alte Hasen" unter den „Fleischologen" behaupten sogar, daß jedes Tier eine andere Fleischstruktur besitze. Diese wirke sich dann bei der Verarbeitung zu den diversen Produkten entsprechend positiv oder auch negativ aus.

Der Schinkenfreund verarbeitet und räuchert normalerweise Fleisch vom Hausschwein. Es hat den Vorteil, viel preiswerter als z. B. Rind- oder Wildfleisch zu sein. Das Schweinefleisch, das heute in den Fleischerfachgeschäften oder den Fleischabteilungen der Groß- und Supermärkte angeboten wird, stammt zum allergrößten Teil von relativ jungen Schlachtschweinen, die im Alter von ca. 5 Monaten geschlachtet werden. Sie wiegen dann lebend zwischen 100–110 kg und sind aufgrund ihres jungen Alters noch verhältnismäßig mager. Für die Schinkenräucherei wäre an sich Fleisch älterer Schweine wie z. B. von Muttersauen und verschnittenen Altebern das Richtige, da deren Fleisch insgesamt trockener und grobfaseriger ist. Da es aber in den allermeisten Fällen schwierig sein dürfte, Fleisch älterer Schweine zu bekommen, bleibt dem Räucherfreund nichts anderes übrig, als das Fleisch auch jüngerer Schweine zu Schinken zu verarbeiten. Allzu wässeriges und helles Schweinefleisch sollte man allerdings nicht verwenden.

Tips zum Fleischeinkauf

Wenn Sie demnächst Ihren ersten Schinken selbst räuchern möchten, ist zuvor ein wichtiger Schritt zu tun – der Fleischeinkauf. Welche Vorgehensweise ist hier am zweckmäßigsten? Die folgenden Ratschläge entstammen

Nährwerttabelle

Der genießbare Teil von 100 g eingekaufter Ware enthält:

Fleisch und Fleischerzeugnisse	Proteine (Eiweiß)	Fett	Kohlenhydrate	Energie Kalorien	Energie Joule	Mineralstoffe Natrium	Mineralstoffe Kalium	Mineralstoffe Calcium	Mineralstoffe Phosphor	Mineralstoffe Eisen	Vitamine A	Vitamine B_1	Vitamine B_2	Vitamine Niacin
	g	g	g	kcal	kJ	mg	mg	mg	mg	mg	µg	mg	mg	mg
Schweinefleisch, mager	19	7	.	143	600	.	345	8	150	2,0	.	0,70	0,15	3,5
Schweinefleisch, mittelfett	18	21	.	269	1125	.	300	8	150	2,0	.	0,70	0,15	3,5
Schweinefleisch, fett	10	37	.	389	1630	70	260	7	140	1,4	.	0,70	0,10	2,5
Rindfleisch, mager	15	11	.	173	725	45	275	9	140	2,1	.	0,05	0,15	4,0
Rindfleisch, mittelfett	15	18	.	238	995	75	275	8	125	2,4	10	0,05	0,15	4,0
Rindfleisch, fett	14	24	.	293	1225	85	300	8	140	2,1	.	0,05	0,15	3,5
Kalbfleisch, mittelfett	16	3	.	93	390	75	260	10	160	1,7	.	0,10	0,20	5,0
Hammelfleisch (Schaffleisch), mittelfett	13	20	.	246	1030	75	265	7	135	1,8	+	0,10	0,10	3,0
Herz (Rind, Kalb)	12	4	1	101	425	80	205	10	155	3,5	24	0,40	0,75	5,5
Hirn (Kalb)	10	7	1	115	480	150	260	12	340	2,4	.	0,20	0,25	3,5
Leber (Kalb)	18	4	4	137	575	80	285	4	300	10,2	4000	0,25	2,45	16,5
Leber (Rind)	18	3	6	131	550	110	270	7	335	6,6	7760	0,30	2,70	13,5
Leber (Schwein)	19	5	1	137	575	70	325	9	335	20,6	3290	0,30	2,95	14,5
Niere (Kalb)	15	6	1	121	505	175	255	9	230	10,1	185	0,35	2,20	5,5
Zunge (Rind)	12	12	+	167	700	75	190	7	170	2,2	+	0,10	0,20	3,5
Hackfleisch (halb und halb)	20	19	.	253	1060	35	290	8	135	2,2	5	0,40	0,15	4,0
Schinken, geräuchert, roh	16	29	.	344	1440	2200	215	9	180	2,0	+	0,50	0,20	3,0
Schinken, gekocht	19	20	.	274	1145	850	340	10	155	2,4	+	0,50	0,25	3,5
Speck, fett	2	80	.	770	3220	385	15	5	120	0,4	+	0,10	0,05	0,5
Speck, durchwachsen	8	60	.	605	2530	1630	205	85	100	0,7	+	0,40	0,15	2,0
Blutwurst	14	44	.	463	1940	.	35	10	160	2,0	.	.	.	.
Bratwurst	12	35	.	375	1570	.	140	5	.	1,0	.	0,40	0,10	2,0
Fleischwurst	11	30	.	324	1355	.	195	9	165	2,5	.	0,20	0,25	2,5
Leberkäse	13	23	+	271	1135	600	300	4	.	.	.	0,05	0,15	2,5
Leberwurst	12	40	1	440	1840	795	140	40	150	5,2	1430	0,20	0,90	3,5
Leberwurst, mager	17	21	2	268	1120	.	140	9	240	5,5	1725	0,15	1,10	4,5
Mettwurst (Braunschweiger)	12	51	.	530	2220	1070	210	13	(155)	(1,6)	.	(0,20)	(0,15)	(2,5)
Mortadella	12	32	+	360	1505	655	205	40	.	.	+	0,10	0,15	3,0
Salami	17	47	+	523	2190	1185	285	35	.	.	+	0,15	0,20	2,5

[illegible]	[illegible]	[illegible]	[illegible]	[illegible]	[illegible]	[illegible]	[illegible]	[illegible]	[illegible]	[illegible]	[illegible]	[illegible]	[illegible]	[illegible]
Zervelatwurst	17	41	.	454	1900	.	185	20	110	1,5	.	.	.	.
Dosenwürstchen	13	20	.	239	1000	710	165	10	185	2,7	.	0,03	0,10	3,0
Frankfurter Würstchen	13	21	+	250	1045	780	180	8	105	1,8	+	0,20	0,20	2,5
Kasseler Rippchen	15	22	+	272	1140	795	270	5	135	2,1	+	.	.	.
Corned beef, deutsch	22	6	.	153	640	830	130	35	.	.	.	0,03	0,10	3,0

Zeichenerklärung:
1 g = 1 Gramm
1 mg = 1 Milligrammm = 1/1000 g
1 µg = 1 Mikrogramm = 1/1000 mg
1 kcal = 1 Kilocalorie = 4,184 Kilojoule (kJ)
1 kJ = 1 Kilojoule = 0,239 Kilocalorie (kcal)

\+ = Nährstoff ist nur in Spuren enthalten
. = Es liegen keine genauen Analysen vor
() = Analysenwerte sind unsicher

Quelle: „Kleine Nährwerttabelle der DGE", 26. Auflage 1976, Umschau Verlag, Frankfurt a. M.

ausnahmslos der eigenen, jahrelangen Praxis. Sie haben sich gut bewährt. Fehler, die beim Fleischeinkauf gemacht werden, kosten erstens bares Geld und können außerdem das Gesamtergebnis negativ beeinflussen. Allgemein gilt: Erst informieren, dann Fleisch kaufen. Am besten ist es, die Preisspiegel in den Tageszeitungen zu verfolgen. Dort gibt es nämlich alle paar Tage Fleischsonderangebote, die man unbedingt ausnutzen sollte. Preisnachlässe bei Schweinebraten bis zu 50 % sind keine Seltenheit. Schinken, aus solchem Fleisch geräuchert, kosten dann oft weniger als die Hälfte des Normalpreises. Auch ist es empfehlenswert, mit nur wenigen Schinken zu beginnen und erst eigene Erfahrungen zu sammeln.

Die öfter geäußerte Meinung, Fleisch aus Sonderangeboten sei minderwertig, ist absolut falsch. Das Fleisch aus den Fleischabteilungen der Groß- und Supermärkte unterliegt den gleichen strengen Qualitätsanforderungen wie das Fleisch aus dem Fleischerfachgeschäft. Es ist aber oft nur deshalb um die Hälfte preiswerter, weil die Groß- und Supermärkte dieses Fleisch in sehr großen Mengen einkaufen, hierdurch einen günstigeren Gestehungspreis haben und darüber hinaus das Fleisch tatsächlich zum Gestehungspreis anbieten, nur um Kunden in den Markt zu locken. Sie verdienen ihr Geld bewußt nicht mit dem Fleisch, sondern mit einer Vielzahl von Produkten, die der Kunde dann ebenfalls kauft. Ein kritischer Verbraucher macht es so, daß er nur das Fleischangebot ausnutzt, auf zusätzliche Einkäufe aber verzichtet. In diesem Fall hat er dann gut gekauft. Der „Lockvogel Fleisch", im hintersten Winkel des Marktes plaziert, bringt also indirekt für den Markt ein Umsatzplus. Fazit: Der Schinkenfreund kann durchaus jederzeit Fleischsonderangebote nutzen und damit viel Geld sparen.

Das Fleisch, aus dem der Schinken ist

Einem anderen Vorurteil zufolge benötigt, wer Schinken räuchern will, dazu ein ganzes Schwein oder mindestens eine ganze Schweinekeule. Auch dieses Vorurteil ist falsch. Richtig ist vielmehr, daß der Schinken- und Räucherfreund auf Wunsch auch nur ganz wenige Kilogramm Keulenfleisch erhält. Soviel, wie er gerade braucht.

Angenommen, Sie erspähen in der Lokalzeitung ein günstiges „Bratenangebot", so sollten Sie unbedingt zugreifen. Der zuständige Verkaufsmetzger ist in der Regel immer bereit, den Schlegel in schinkengerechte Teilstücke zu zerlegen – und das garantiert ohne Aufpreis. Sie müssen nur sagen, daß Sie Schinken räuchern möchten. Knochen, Haxe bzw. Eisbein sowie Fett- und Fleischabschnitte müssen dann von Ihnen mitgenommen werden. Dies gilt allerdings nur, wenn Sie sich einen ganzen Schweineschlegel zerlegen lassen.

Das Zerlegen einer Schweinekeule ist für einen Nichtfachmann schwierig und daher nicht zu empfehlen. Warum sollte er es auch tun, wenn es der Verkaufsmetzger kostenlos macht. Auch muß es nicht immer ein ganzer oder zerlegter Schweineschlegel sein, wenn Sie räuchern wollen. Auch die Schweineschulter, der Schweinekamm (Hals) oder der Schweinebauch sind geeignete und sehr preisgünstige Fleischteile, aus denen sich, im Hinblick auf den Fettanteil, besonders gute Räucherwaren herstellen lassen. Auch eignet sich der Schweinerollbraten sehr gut zum Pökeln und Räuchern.

Beim Fleischkauf ist ein Punkt von allergrößter Wichtigkeit, nämlich der, daß das Fleisch nicht älter als drei Tage ist. Ihr Verkaufsmetzger gibt Ihnen darüber gern Auskunft. Eine unumstößliche Grundregel bei der Schinkenräucherei lautet, daß das Fleisch spätestens am dritten Tage nach dem Schlachten gepökelt werden muß. Zwei Tage nach dem Schlachten wäre noch besser, ein Tag danach ginge auch noch. Aber niemals nach dem dritten Tag nach der Schlachtung! Weshalb dies so ist, wird in allgemeinen Hinweisen zur Rohschinkenherstellung näher beschrieben.

In der Mehrzahl der Fälle werden die Schweine meistens montags geschlachtet, so daß die Schinken dann am Dienstag, Mittwoch bzw. Donnerstag gepökelt werden müssen. Schweinebug (Schulter) oder Schweineschlegel für die Kochschinkenherstellung sind sobald wie möglich nach dem Schlachten zu pökeln. Warum diese Vorgehensweise richtig ist, können Sie bei den allgemeinen Hinweisen zur Kochschinkenbereitung nachlesen. Natürlich ist es auch möglich, sich allein oder mit guten Bekannten zusammen ein ganzes oder halbes Schwein zu kaufen. Das Zerlegen übernimmt auch hier der Fleischer oder eine sonstige sachkundige Bedienung.

Nußschinken

Rollschinken

Lachsschinken

Gekochter Rollschinken

Nuß

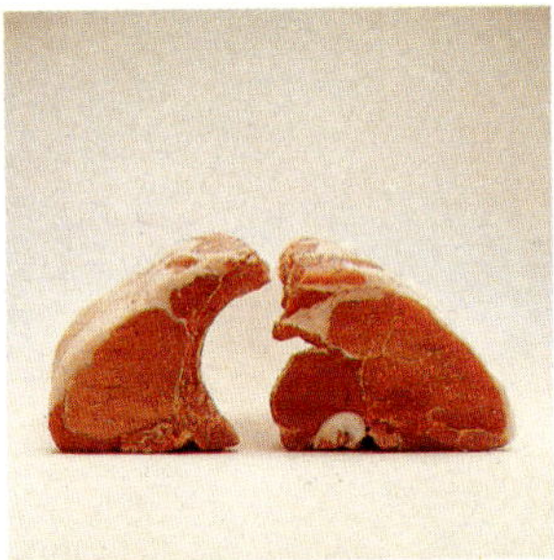
Kotelett ohne und mit Filet

Oberschale

Unterschale

Hüfte (Schinkenspeckstück)

Schweinehals (Kamm, Nacken)

Links: Vordereisbein
Rechts: Schinkeneisbein

Schweinebauch

Photos: CMA

Schließlich noch ein besonderer Tip: Prägen Sie sich für den Fleischeinkauf unbedingt ein paar Fachausdrücke ein. Zum Beispiel besteht die Schweinekeule aus vier Teilstücken wie Oberschale, Unterschale, Schinkenspeckstück und Nuß. Wenn Sie mit diesen Begriffen „operieren", werden Sie vom Verkaufspersonal besonders ernst genommen und entsprechend bedient! Vor einem „Wissenden" hat ja jeder Respekt.

Schlachttiereübersicht – Teilstückebezeichnungen

Schwein

1. Kopf mit Backe
2. Kamm (Hals)
3. Kotelettstück (Karree)
4. Schlegel (Schinken)
5. Schulter (Bug)
6. Bauch (Wamme)
7. Vordereisbein (Haxe)
8. Schinkeneisbein (Haxe)
9. Füße

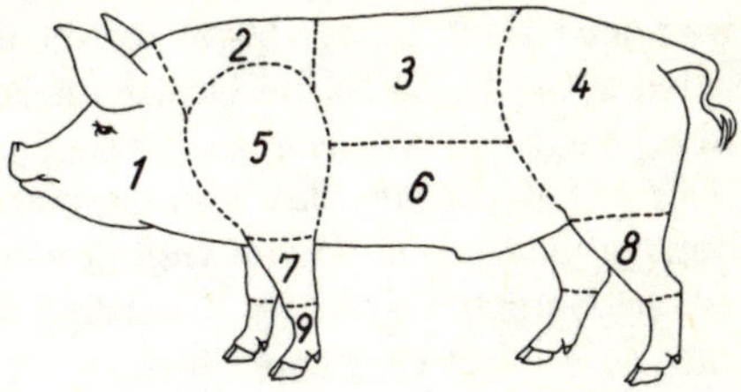

Rind

1. Kopf
2. Hals
3. Fehlrippe (Kamm)
4. Hochrippe (hohes Roastbeef)
5. Flachrippe (flaches Roastbeef)
6. Hüfte
7. Wamme
8. Blattrippe
9. Lappen
10. Schulter (Bug)
11. Keule (Schlegel)
12. Brust
13. Vorderhesse
14. Hinterhesse
15. Füße

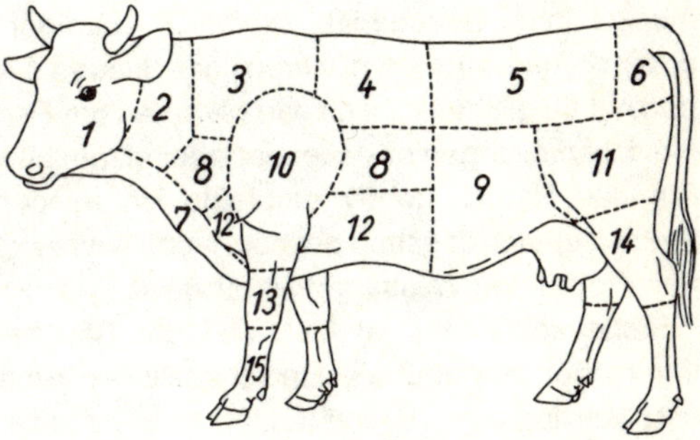

Kalb

1. Kopf
2. Hals
3. Kotelettstück
4. Sattelstück (Rücken)
5. Keule
6. Brust
7. Schulter (Bug)
8. Flanke
9., 10. Haxe
11. Füße

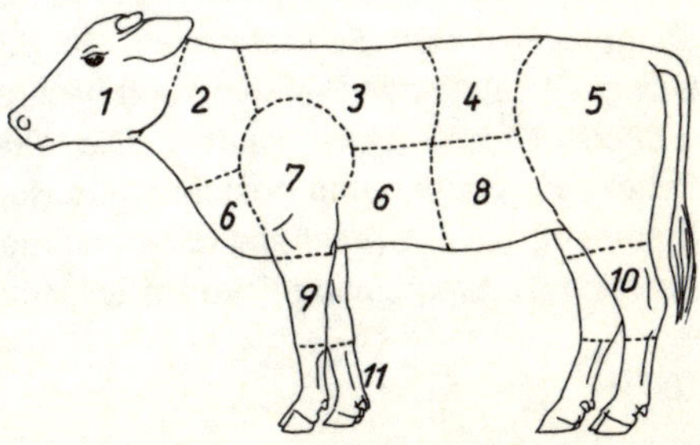

Fleischverderb – Ursachen – Gefahren – Hygienevorschriften

Da rohes Fleisch eines der leichtverderblichsten Lebensmittel überhaupt ist, soll an dieser Stelle auf einige kritische Gefahrenpunkte beim Umgang mit rohem Fleisch hingewiesen werden.

Für gewerbliche Betriebe, die Fleisch be- oder verarbeiten, gelten heute eine Vielzahl gesetzlicher Vorschriften, die allesamt zum Ziel haben, die menschliche Gesundheit vor Gefahren durch verdorbenes Fleisch zu schützen. Das Lebensmittelgesetz sowie die einschlägigen Verordnungen für Fleisch- und Fleischerzeugnisse garantieren, daß nur qualitativ hochwertiges Fleisch auf den Markt kommt. Dies gilt jedenfalls für alle Fleischerläden sowie für sämtliche Fleischabteilungen der Groß- und Supermärkte bzw. Handelsketten. Nur in den sogenannten „Freibankgeschäften" wird Fleisch feilgehalten, das entweder im Wert gemindert oder sogar nur bedingt tauglich ist. Das im Wert geminderte Freibankfleisch kann in Aussehen, Geruch, Farbe oder Konsistenz verändert sein und darf, im Gegensatz zu bedingt tauglichem Fleisch, roh verkauft werden. Es erhält einen viereckigen, blauen Stempel mit Innenkreis. Das bedingt taugliche Fleisch darf nur unter der Bedingung für den menschlichen Genuß abgegeben werden, daß es, bevor es zum Verkauf gelangt, entweder gekocht, gebraten oder sonstwie hitzebehandelt wird. Es wäre im rohen Zustand für die menschliche Gesundheit schädlich. Bedingt taugliches Schlachtfleisch erkennt man an einem viereckigen blauen Stempel. Minderwertiges und bedingt taugliches Fleisch darf niemals vom Fleischerfachgeschäft bzw. von Fleischabteilungen be- oder verarbeitet, geschweige denn verkauft werden. Für das Räucherhobby empfehle ich minderwertiges Fleisch aus dem Freibankgeschäft schon deshalb nicht, weil es öfter eine blasse Farbe sowie einen erhöhten Wassergehalt aufweist.

Jetzt spätestens ist klar, daß der Räucherfreund im Normalgeschäft immer nur einwandfreie Fleischqualitäten erhält. Alle lebenden Schlachttiere werden vom Tierarzt noch vor der Schlachtung auf ihren Gesundheitszustand untersucht. Nach dem Schlachten findet dann die allgemeine Fleischbeschau statt. Nur völlig gesundes und einwandfreies Fleisch erhält den begehrten runden blauen Stempel. Diesen Tauglichkeitsstempel, der übrigens bei allen Schlachttieren wie Schwein, Rind, Kalb und Hammel Gültigkeit hat, finden Sie in Zukunft häufiger, insbesondere dann, wenn Sie größere Fleischstücke kaufen. Die Stempelfarben sind ausnahmslos Lebensmittelfarben und bestehen aus Heidelbeerextrakten oder, bei roten Stempeln, aus entsprechend anderen Früchteextrakten. Vornehmlich befinden sich die Stempelabdrücke auf Schlegel-, Schulter- oder Bauchstücken.

Bei Schweinefleisch, auch vom Wildschwein, ist darüber hinaus noch ein rechteckiger blauer Stempel zu finden, der die Trichinenfreiheit des Fleisches bestätigt. Hat das Fleisch einen ovalen blauen Stempel, so stammt es aus Schlachthäusern der Europäischen Gemeinschaft und ist ebenfalls voll tauglich. Fleisch, das aus Nicht-EG-Ländern importiert wird, besitzt einen roten sechseckigen Stempel. Auch dieses Fleisch ist voll tauglich. Das für den menschlichen Genuß untaugliche Schlachtfleisch erhält einen dreieckigen blauen Stempel und muß in speziell dafür eingerichteten Betrieben beseitigt oder zu anderen Produkten, wie z. B. Tierkörpermehl oder technischen Fetten, verarbeitet werden.

Fleischstempel und ihre Bedeutung

Tauglichkeitsstempel für alle inländischen Schlachttiere (Stempelfarbe: Blau)

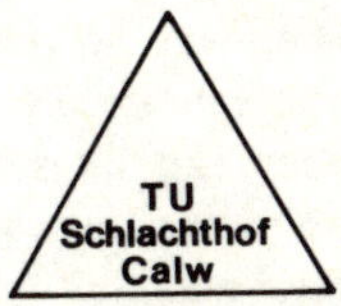

Untauglichkeitsstempel für alle inländischen Schlachttiere (Stempelfarbe: Blau)

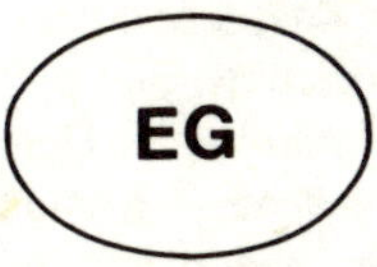

EG-Tauglichkeitsstempel für alle Schlachttiere aus EG-Ländern (Stempelfarbe: Blau)

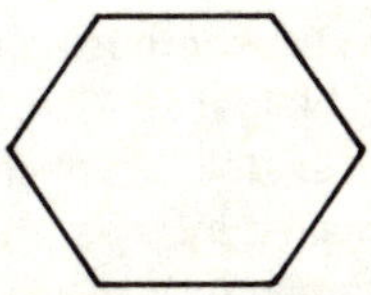

Tauglichkeitsstempel für alle Schlachttiere aus Nicht-EG-Ländern (Stempelfarbe: Rot)

Trichinenfrei, zusätzlich für alle Fleisch- und allesfressenden Schlachttiere (z. B. Schwein, Wildschwein, Dachs, Bär) (Stempelfarbe: Blau)

Minderwertiges Fleisch für alle Schlachttiere (Stempelfarbe: Blau), Freibankstempel!

Bedingt taugliches Fleisch für alle Schlachttiere (Stempelfarbe: Blau), Freibankstempel!

Das Fleisch, aus dem der Schinken ist

Das frische Schlachtfleisch wird immer und überall sofort nach der Schlachtung in den Kühlraum gebracht und auf ± 0 bis +2 °C heruntergekühlt. Diese relativ niedrige Temperatur ist aber erforderlich, um das Bakterienwachstum zu hemmen. Wenn Sie Fleisch einkaufen, bekommen Sie im Normalfall immer gut gekühltes. Von allergrößter Wichtigkeit ist es jetzt, daß dieser Kühleffekt nicht längere Zeit als nötig unterbrochen wird. Beispielsweise darf es nicht vorkommen, daß das für die Schinkenräucherei vorgesehene Fleisch mehrere Stunden im warmen Kofferraum des Autos liegenbleibt. Schon in wenigen Stunden kann dieses Fleisch, bedingt durch starke Bakterienvermehrung, schmierig werden. Schmieriges Fleisch, das muß ausdrücklich gesagt werden, ist unter gar keinen Umständen für das Schinkenmachen geeignet. Fehlfabrikate wären die unausweichliche Folge!

Wie überall gilt auch hier die Formel: richtig machen = Erfolg, falsch machen = Mißerfolg. Die richtige Vorgehensweise wäre die, das eingekaufte Fleisch so schnell wie möglich nach Hause zu schaffen und nochmals einen halben Tag gut durchzukühlen.

Hygienisch einwandfreies Fleisch sieht kräftig rot aus und riecht nicht. Verdorbenes oder auch nur leicht verändertes Fleisch zeigt immer irgendwelche abweichenden Merkmale. Das Aussehen ist grau oder grünlich. Die Fleischoberfläche ist schmierig (Bakterien). Die Beschaffenheit oder Konsistenz ist weicher und der Geschmack säuerlich. Der Geruch ist unangenehm verändert.

Wenn Sie die allgemeinen Hygieneregeln in diesem Ratgeber befolgen, kann eigentlich nicht viel schiefgehen. Ich selbst räuchere seit vielen Jahren Schinken und habe, toi toi toi, noch kein verdorbenes Fleisch erhalten, und noch nicht einmal ist mir das „Schinkenmachen" mißglückt. Jetzt noch ein paar Hygieneregeln für die häusliche Schinkenräucherei:

1. *Nur frisches und hygienisch einwandfreies Fleisch zu Schinken verarbeiten.*
2. *Niemals auch nur leicht schmieriges oder sonstwie verändertes Fleisch nehmen.*
3. *Fleisch, das zu Schinken verarbeitet werden soll, darf maximal drei Tage alt sein (dies ist das Geheimnis des Erfolges)!*
4. *Nie Fleischteile mit Blutergüssen für die Schinkenherstellung auswählen.*
5. *Fleischtransport so schnell wie möglich und so kühl wie möglich.*
6. *Fleisch zu Hause noch gut sechs Stunden im Kühlschrank durchkühlen.*
7. *Alle Transport- und Pökelgefäße müssen peinlich sauber sein.*

8. *Pökelbehälter müssen aus lebensmittelechtem und salzbeständigem Material sein. (Beim Kauf beraten lassen!)*
9. *Pökelbehälter immer mit sauberem Deckel oder Tuch abdecken.*
10. *Bei allen Arbeiten immer auf die Hygiene achten (z. B. Hände waschen)!*

So wird aus Fleisch Schinken
(oder mit Salz und Rauch geht's auch)

Im vorhergehenden Abschnitt wurde von der raschen und leichten Verderblichkeit des Fleisches gesprochen. Wie aber ist es dann möglich, daß rohes, ungegartes Fleisch, zu Schinken verarbeitet, haltbar wird, ohne zu verderben?

Für die Haltbarkeit rohen Fleisches bzw. des Rohschinkens sind drei Faktoren ausschlaggebend. Einmal wird die Haltbarkeit durch das Pökeln bewirkt. Das Pökeln, das Behandeln des Fleisches mit Pökelsalz, wirkt auf die Mikroben hemmend, so daß sie das Fleisch nicht schädigen können. Zusätzlich verliert der Rohschinken während der sich anschließenden Räucher- und Aufbewahrungsphase noch sehr viel Wasser, die wichtigste Lebensgrundlage für die fleischzerstörenden Bakterien. Schließlich befinden sich im Rauch eine Vielzahl von bakteriziden, natürlichen Hemmstoffen, die eine gute Desinfektion der Schinken erbringen. Bakterienhemmende Wirkung von Pökelsalz, Wasserverlust und Kalträucherung zusammengenommen machen die Haltbarkeit eines Schinkens aus. Würde nur einer der genannten Faktoren fehlen, entstünde in jedem Fall ein Fehlfabrikat.

O, o sag, wie hat in Halle man den salz'gen Quell entdeckt?
Es hat ein Schwein vor Zeiten sich darein versteckt,
und kam heraus und war mit Salz kandiert.
Das hat die Leute auf die Spur geführt.
Aus Dankbarkeit legt man das Schwein
noch heut' in Salz und pökelt's ein.

August Kopisch 1791–1853

Pökeln – Pökelarten

Das Pökeln des für die Schinkenherstellung geeigneten Fleisches hat drei verschiedene Aufgaben zu erfüllen:

1. *Haltbarkeitsverlängerung (Konservierung). Durch die Wirkung der Pökelstoffe (Salz und Pökelstoff) wird das rohe Schinkenfleisch vor Zersetzung durch Mikroben und Fäulnis geschützt.*

2. *Umrötung. Aus dem roten Fleischfarbstoff (Myoglobin) entsteht unter Einfluß des Pökelsalzes und verschiedener Pökelbakterien das erwünschte appetitlich aussehende Pökelrot des Schinkens.*
3. *Geschmacksverbesserung. Die Geschmacksverbesserung wird ebenfalls durch das Pökelsalz erreicht. Auch verändern sich während des Pökelvorganges die fleischeigenen Aromastoffe positiv.*

Aus den vielen in der gewerblichen Schinken- und Pökelwarenherstellung gebräuchlichen Pökelverfahren habe ich drei ausgewählt, die ich nachfolgend beschreiben möchte. Zwei davon, die Trocken- und die Lakepökelung, sind für die Rohschinkenherstellung geeignet, während sich die Spritzpökelung nur für die Kochschinken- und Schnellpökelwarenfabrikation eignet.

Trockenpökelung

Diese Pökelart hat ihren Namen, weil die kleineren oder größeren schinkengerecht zugeschnittenen Teilstücke nur mit trockenem Pökelsalz eingerieben werden. Pökelsalz ist nichts anderes als eine Mischung von ca. 99,6 % Kochsalz und ca. 0,4 % eines Pökelstoffes. Für die Trockenpökelung hat sich eine Menge von 50 Gramm Pökelsalz pro Kilogramm Fleisch bewährt. Auf je 50 Gramm Pökelsalz kommen noch 1 gestrichener Teelöffel Traubenzucker oder normaler Haushaltszucker sowie die Gewürze. Der Zucker bewirkt eine raschere und verstärkte Säurebildung im Fleisch, senkt den pH-Wert und macht es noch haltbarer.

Sind die Fleischstücke gut vorgekühlt, werden sie kräftig und von allen Seiten mit Pökelmischung (Pökelsalz, Zucker, Gewürzen) eingerieben. Dabei ist darauf zu achten, daß die Schwartenseite ausreichend gut bedacht wird. Einschnitte und evtl. vorhandene Kerben müssen vor allem gut mit Pökelmischung versorgt werden, da sich hier leicht Bakterienherde entwickeln.

Tip: Für den Anfang empfiehlt es sich dringend, für die halbe Schinkenmenge auch zunächst die halbe Pökelstoffmenge abzuwiegen und damit die halbe Fleischportion einzureiben. Sonst besteht die Gefahr, daß die gesamte Pökelstoffmenge schon bei der halben Fleischmenge verbraucht ist. Dies wäre dann eine Überdosis von 100 % Pökelsalz. Oder umgekehrt könnte es passieren, daß zum Schluß noch die halbe Pökelstoffmenge übrig wäre, was dann einer Halbierung der Pökelsalzkonzentration gleich käme. Dieses Mißgeschick wäre aber reparabel, indem man die restliche Pökelstoffmischung ebenfalls gleichmäßig auf alle Fleischstücke verteilt.

Das Einreiben der Schinkenstücke nimmt man zweckmäßigerweise auf einem sauberen Arbeitstisch vor, möglichst in einem kühlen Raum. Nach dem Einreiben kommen die Fleischstücke, *immer* mit der Schwartenseite nach unten, in ein geeignetes Pökelgefäß (siehe Abschnitt Pökelgefäße). Das Pökelgefäß wird mit einem Deckel oder mit einem sauberen Tuch abgedeckt und in einen kühlen und dunklen Raum mit entsprechender Temperatur gestellt (siehe Kapitel Pökelraum).

Was passiert nun beim Trockenpökeln? Durch das wasseranziehende Pökelsalz wird dem Fleisch Wasser entzogen, gleichzeitig wandern die Pökelsalzmoleküle in Richtung Fleischinneres. Es bildet sich in den folgenden Tagen eine sogenannte Eigenlake, allerdings nicht so viel, daß auch die oberen Fleischstücke von Lake bedeckt wären. Nur die unteren liegen ganz oder teilweise darin. Weil dies so ist, müssen die Fleischstücke alle drei bis vier Tage umgeschichtet werden, so daß die oberen nach unten, bzw. die unteren nach oben kommen. Immer ist zu beachten, daß die Schwartenseite des jeweiligen Schinkenstückes nach unten liegt. Nach den Erfahrungen des Verfassers genügen bei Teilstücken bis zu 3 kg Gewicht 3 Wochen Pökelzeit. Eine Faustregel besagt, daß pro Kilogramm Stückgewicht 1 Woche lang trockengepökelt werden soll. Wiegen die Fleischstücke also beispielsweise im Durchschnitt nur 1 kg, so würden 7 Tage Pökeldauer ausreichen. Bei leichteren Stücken muß dann allerdings alle ein bis zwei Tage umgeschichtet werden. Ist die Pökelzeit um, ist die Eigenlake abzuschütten. Die gepökelten Fleischstücke bleiben jetzt noch drei bis vier Tage zum „Nachbrennen" im Pökelbehälter liegen. Dieses im „Fachjargon" so bezeichnete Nachbrennen bewirkt einen Ausgleich der Pökelsalzkonzentration im Schinkeninneren und macht den Schinken mürbe und zart.

Nach der Nachbrennphase füllt man das Pökelgefäß mit dem darin liegenden Schinken mit kaltem Wasser auf und läßt die Fleischstücke 12 bis 14 Stunden im kalten Wasser liegen. Die Wässerdauer beeinflußt direkt die spätere Schärfe des Schinkens. Nach eigenen Erfahrungen ergibt ein 12stündiges Wässern einen schärferen, ein 14stündiges Wässern einen milderen Schinken. Der zukünftige Schinkenräucherer sollte sich auch hier eigene Erfahrungen schaffen. Ist die Wässerzeit um, müssen die gepökelten Teilstücke noch mit lauwarmem Wasser gut abgewaschen werden, damit sich später beim Räuchern kein Salzausschlag bildet. Nach dem Abwaschen müssen die Fleischstücke vor dem Räuchern noch ein bis zwei Tage luftig abtrocknen. Zu diesem Zweck besorgt man sich Fleischhaken, wie sie jedes gute Haushaltswarengeschäft führt. Sie sind auch Bestandteil des Kalträucherschrankes, den die Firma Karl Stöhr, Hauptstraße 57, 7531 Ölbronn-Dürrn 2, speziell für den Schinkenfreund entwickelt hat.

Tip: *Es ist auch möglich, die Fleischstücke mit einem starken Wurstgarn aufzuhängen. Zu diesem Zweck bohrt man mit einem spitzen Gegenstand ein Loch durch das Fleisch bzw. die Schwarte, führt das Garn durch und bindet eine Schlaufe.*

Anmerkung: Die Trockenpökelung ermöglicht es, auch noch in den schon etwas wärmeren Übergangsmonaten wie März und April Schinken zu räuchern. Die Lakepökelung, die anschließend zur Debatte steht, ist *nur in der kälteren Jahreszeit* (November bis Februar) zu empfehlen.

Ein weiterer Vorteil der Trockenpökelung liegt darin, daß sie einen sehr haltbaren und trockenen Schinken liefert, der sich durch eine dauerhafte, meist auch kräftigrote Farbe auszeichnet. Ein Nachteil ist, daß der Pökelverlust (Gewichtsverlust des Fleischstückes) bei der Trockenpökelung wesentlich größer ist. Schließlich dauert die Trockenpökelung, insbesondere wenn es sich um größere Schinkenstücke handelt, etwas länger, was in diesem Falle wieder für die Lakepökelung spricht. Die Lakepökelung hat den Vorteil, daß der Pökelverlust ganz gering ist. Empfehlenswert ist es, daß sich der Räucherfreund „seine Methode" aussucht und eigene Erfahrungen sammelt.

Trockenpökel-Regeln in Kürze

1. *Frische Fleischstücke vor dem Einreiben mit Pökelmischung gut durchkühlen (auf ca. 2–4 °C).*
2. *Pro Kilogramm Fleisch 50 Gramm Pökelsalz und 1 gestrichenen Teelöffel Traubenzucker oder Haushaltszucker dosieren.*
3. *Jedes Fleischstück einzeln kräftig von allen Seiten mit Pökelmischung einreiben (besonders die Schwartenseite).*
4. *Fleischstücke mit der Schwartenseite nach unten eng in Pökelbehälter packen.*
5. *Zugedecktes Pökelgefäß in den bis 15 °C kühlen Keller stellen.*
6. *Auf Hygiene im Keller achten.*
7. *Eingepökelte Fleischstücke alle paar Tage umschichten – obere nach unten, untere nach oben, damit die Eigenlake alle Fleischstücke gleichmäßig durchdringen kann.*
8. *Nach der Pökelzeit Eigenlake abschütten, Schinken aber noch drei bis vier Tage zum „Nachbrennen" im Pökelbehälter liegenlassen.*
9. *Danach gepökelte Fleischstücke mit kaltem Wasser völlig übergießen und 12–14 Stunden wässern lassen, herausnehmen und lauwarm waschen.*
10. *Schinken an Haken oder Schnur aufhängen und zwei Tage abtrocknen lassen.*

Wichtig! Das Pökelsalz muß vor jedem Gebrauch unbedingt gut umgeschaufelt werden, da der Pökelstoff mit der Zeit im Salz nach unten wandert. Somit kann einer Entmischung entgegengewirkt werden.

Lakepökelung (Naßpökelung)

Bei der Lakepökelung wird zunächst eine Pökelsalzlösung (Lake) hergestellt. Hierzu verwendet man sauberes Trinkwasser, Pökelsalz und Zucker in einem ganz bestimmten Verhältnis. Die Stärke der Lake wird in diesem Ratgeber immer in Gewichtsprozenten angegeben. Eine beispielsweise 12gewichtsprozentige Lake besteht exakt aus 120 g Pökelsalz und 880 g bzw. ml Wasser pro Liter Gesamtlösung. Diese Lakestärke reicht im Normalfall aus. Der Einfachheit halber gibt man bei einer 12gewichtsprozentigen Lake 120 g Pökelsalz auf einen Liter Wasser statt auf nur 880 ml. Die hieraus resultierende etwas geringere Pökelsalzkonzentration in der Gesamtlösung spielt keine Rolle. Nachfolgend wird deshalb von einer ca. 12prozentigen Lake gesprochen. Auf einen Liter Lake gibt man noch 1 gestrichenen Teelöffel Zucker. Die gleichfalls gut durchgekühlten Fleischstücke werden wie bei der Trockenpökelung in ein hygienisch einwandfreies Pökelgefäß eingelegt. Die Schwartenseite kann hier sowohl unten als auch oben liegen.

Jetzt wird soviel 12gewichtsprozentige Lake hergestellt und über das Fleisch gegossen, daß alle Fleischteile mehrere Zentimeter unter der Lake liegen. Wie bei der Trockenpökelung wird der Pökelbehälter sauber abgedeckt und in den kühlen, abgedunkelten Kellerraum gestellt. Nach 14 Tagen ist die Pökelung bei Fleischstücken, die nicht schwerer als 3 kg sind, beendet. Jetzt werden die Schinken aus der Lake genommen und sofort gut lauwarm abgewaschen (sonst entsteht später ein Salzausschlag am fertigen Schinken). Nun werden die Pökelstücke an Garn oder Haken noch ein bis zwei Tage zum Trocknen und „Nachbrennen" aufgehängt. Es ist darauf zu achten, daß dies in luftigen und schädlingsfreien Räumen geschieht. Anschließend kommen die Schinken in den Kaltrauch und werden nach Vorschrift geräuchert.

Ein Wässern wie bei der Trockenpökelung kann hier entfallen, da die Pökelsalzkonzentration, die Pökeldauer und die gesamte Technologie eine völlig andere ist.

Ein kleiner Nachteil der Lakepökelung ist, daß die Lake „umschlagen" kann. Hierunter ist eine Zersetzung von Fleischeiweiß zu verstehen, das aus dem Fleisch in die Lake übertritt. Dieser Fall ist allerdings so selten, daß man davon ausgehen darf, daß im Normalfall nichts passiert. Das „Umschlagen“ der Lake ist vornehmlich bei zu hoher Temperatur des Pökelraumes und bei unsauberen Pökelgefäßen sowie bei schmierigem Fleisch zu erwarten. Auch blutiges Fleisch bzw. Fleisch mit Blutergüssen kann das Umschlagen auslösen. Die Zersetzung der Lake zeigt sich meist durch das „Schäumen“ an. Lake, die sauer oder übel riecht oder auch trübe und schleimig geworden ist, darf unter keinen Umständen weiterverwendet werden. Fleischstücke, die in solcher Lake gelegen haben, müssen mit kaltem Wasser gut abgewaschen werden, bevor sie in eine neue Lake gelegt werden. Weitere Ursachen für umschlagende Lake können ferner zu altes Pökelsalz sowie manchmal auch das Fleisch entweder brünstiger, vor dem Schlachten besonders erregter oder anschließend nicht genügend ausgebluteter Tiere sein.

Die Lakepökelung eignet sich für alle Roh- und Kochschinken, außerdem für sämtliche übrigen Roh- und Kochpökelwaren wie z. B. Roh- und Kochkasseler, Schweinehals, Kochrippchen, Pökelbauch, Rinderbrust, Schälrippchen und Eisbein. Im Gegensatz zu Rohschinken ist hier die Stärke der Lake geringer, zudem die Pökeldauer kürzer.

Lakepökel-Regeln in Kürze

1. *Frisches Fleisch vor dem Einlegen gut durchkühlen.*
2. *Saubere Pökelgefäße verwenden.*
3. *Eine 12gewichtsprozentige Lake verwenden (120 g Pökelsalz auf einen Liter Wasser).*
4. *Pökelbehälter gut abdecken.*
5. *Pökeldauer, ca. 14 Tage, beachten.*
6. *Gepökelte Fleischstücke gut warm abwaschen.*
7. *Schinkenstücke ein bis zwei Tage abtrocknen lassen (luftig, kühl und fliegenfrei).*
8. *Im Kaltrauch nach Vorschrift räuchern.*

Wichtig! Bei allen Arbeiten ist peinliche Sauberkeit das Geheimnis des Erfolges.

Schnellpökelung (Spritzpökelung)

Bei der Trocken- und Lakepökelung müssen die Pökelstoffe von außen nach innen in das Fleischstück vordringen. Der Pökelvorgang dauert deshalb naturgemäß relativ lange. Bei der Schnellpökelung (Spritzpökelung) wird mit Hilfe einer Lakespritze eine genau vorgegebene Menge Lake

(20 % vom Fleischgewicht) in das Fleischstück eingespritzt. Anschließend werden die Stücke noch zwei Tage in eine gleichprozentige Pökellake eingelegt. Der Pökelvorgang verläuft nun gleichzeitig von innen nach außen und umgekehrt. Nach zwei Tagen ist somit die Schnellpökelung abgeschlossen.

Die Schnellpökelung eignet sich nicht wie die Trocken- oder Lakepökelung für die Rohschinkenherstellung, sondern nur für die Kochschinkenbereitung sowie für alle übrigen Koch- und Rohpökelwaren. Wie funktioniert die Schnellpökelung im Detail? Zunächst stellt man eine 10–12gewichtsprozentige Lake her (je nach Rezept). Sodann legt man den Saugschlauch der Lakespritze in das Lakegefäß und füllt die Handpökelspritze durch das Zurückziehen des Pumpenkolbens mit Lake. Jetzt ist der Pumpenkolben wieder soweit nach vorn zu schieben, bis keine Luft mehr aus den seitlichen Öffnungen der Spritznadel austritt. Der eigentliche Spritzvorgang läuft so ab, daß in Abständen von ca. 5 cm die Nadel in das Fleisch eingeführt wird. Unter gleichmäßig schwachem Druck zieht man die Spritznadel wieder langsam aus dem Fleisch und erreicht so eine gleichmäßigere Verteilung der Spritzlake im Fleischmuskel. Die Lake tritt hierbei durch die seitlich angeordneten Öffnungen an der Spritznadel aus. Eine vollkommen gleichmäßige Verteilung der Lake im Fleischinneren ist mit der manuellen Spritzpökelung allerdings nicht zu erreichen. Dies ist für den Pökelerfolg auch nicht entscheidend. Ein allmählicher Lakekonzentrations-Ausgleich erfolgt dann in den folgenden 48 Stunden, in denen die spritzgepökelten Fleischpartien noch in Lake liegen. Wichtig ist beim Spritzpökeln nur, daß zwischen 15 und 20 % Lakemenge (vom Fleischgewicht berechnet) eingespritzt werden. Am besten ist es, wenn das einzelne Teilstück am Anfang gewogen wird. Nach dem Einspritzen der errechneten Lakemenge ist das Gewicht des spritzgepökelten Stückes zu kontrollieren und, wenn nötig, noch etwas durch erneutes Spritzen zu korrigieren.

Beispiel: Ein für Kochschinken vorgesehenes Fleischstück wiegt 2 kg. 20 % einzuspritzende Lakemenge wären dann ca. 400 ml.

Schnell- oder spritzgepökelte Räucherspezialitäten sind für den alsbaldigen Verbrauch bestimmt, da ihnen zusätzlich Wasser zugeführt wird, das die Haltbarkeit beeinträchtigt. Es kommt bei ihnen weniger darauf an, eine längerfristige Konservierung zu erzielen, sondern eine schnelle Fertigung zu erreichen. Die geschmackliche Verbesserung und die erwünschte Pökelfarbe werden auf alle Fälle erreicht. Zusätzlich sind schnellgepökelte Erzeugnisse auch oft saftiger.

Eine sehr wichtige Voraussetzung für gute und schmackhafte Schnellpökelwaren sind eine immer saubere Handpökelspritze und eine einwandfreie

Spritzlake. Nach jeder Benutzung ist die Lakespritze durch Einsaugen und Ausspritzen heißen Wassers zu säubern. Viel Augenmerk ist dabei auf die seitlichen Öffnungen an der Spritznadel zu richten. Eventuell eingedrungene Fett- oder Fleischrückstände müssen unbedingt entfernt werden, da sie Herde für Bakterien werden können.

Vor jeder Benutzung muß die Spritze auf ihre Funktionsfähigkeit geprüft werden. Von allergrößter Wichtigkeit ist, daß sich beim Spritzpökeln keine Luftreste in der Spritze befinden. Miteingespritzte Luft ist verantwortlich für Umrötungsfehler im Fleisch. Schließlich fördert miteingepumpte Luft die Lebensbedingungen unter Umständen vorhandener Mikroben.

Schnellpökel-Regeln in Kürze

1. *Spritzpökelung nur bei Kochschinken sowie allen übrigen Schnellpökelwaren anwenden – niemals bei Rohschinken.*
2. *Nur 10–12gewichtsprozentige Laken einspritzen.*
3. *Ca. 20 % Lakemenge (in % vom Stückgewicht) injizieren.*
4. *Auf völlige Luftfreiheit der Spritzlake achten.*
5. *Im Abstand von ca. 5 cm in Fleisch einstechen und mit mäßigem Druck spritzen (sonst zerreißt das Fleischgewebe!).*
6. *Spritzgepökelte Fleischstücke noch zwei Tage zusätzlich in eine gleichprozentige Lake einlegen und kühlstellen.*
7. *Schnellgepökelte Erzeugnisse einen halben Tag luftig abtrocknen lassen, danach nach Anleitung heißräuchern.*

Hinweis: Handpökelspritzen können von der Firma Heinrich Salm, Durlacher Allee 55, 7500 Karlsruhe 1, bezogen werden. Preis ca. DM 100,– (Stand September 1984).

Seit alters her ist es so Brauch,
was Gutes schmeckt erst recht durch Rauch
K.-F. Schmidt

Räuchern – Räucherarten

Das Räuchern von Schinken und sonstigen fleischigen Köstlichkeiten bezweckt in erster Linie eine zusätzliche Konservierung. Beim Verschwelen von Räuchermitteln wie Sägemehl, Gewürzen und Zweigen verschiedener Blatt- und Nadelgehölze entsteht hocharomatischer Rauch. Er enthält eine Vielzahl natürlicher Verbindungen, von denen Alkohol, Aldehyde, Ketone, Holzessigsäure, Kreosot und Kresol die wichtigsten sind. Diese Stoffe haben die vorzügliche Eigenschaft, daß sie vorwiegend in den Randbezirken der Räucherwaren Bakterien abtöten bzw. stark hemmen.

Schinken ist jedoch umso haltbarer, je mehr Rauch in das Schinkeninnere vordringt. Die Rauchinhaltsstoffe machen also den Schinken in Verbindung mit dem Trocken- bzw. Lakepökeln längere Zeit haltbar. Trocken- oder lakegepökeltes Fleisch ohne Räucherung wäre unter unseren Klimabedingungen nicht haltbar. Außer der vorzüglichen Konservierungseigenschaft von Kaltrauch ist noch seine große Bedeutung als Geschmacks- und Geruchsverbesserer hervorzuheben. Erst durch das Räuchern erhält Schinken seine vollkommene geschmackliche Abrundung. Schließlich bekommt der Schinken durch das Räuchern eine schöne Farbe, was wesentlich zur Appetitanregung beiträgt. Je nach Räucherdauer und -art sind die Schinken hellgelb bis braunschwarz.

Kaltrauch

Unter „Kaltrauch" ist ein Rauch zu verstehen, der eine Temperatur von ca. 15–30 °C aufweist. Alle Rohschinken müssen ausnahmslos bei diesen Temperaturen geräuchert werden. Temperaturen von mehr als 35 °C sind für Rohschinken schädlich, weil sie das Fett teilweise zum Schmelzen bringen und auch die Randschichten stärker austrocknen. Fettfilm und Trockenrand verhindern nämlich, daß der Schinken von innen heraus Wasser abgeben kann, was für die Haltbarkeit und Schnittfestigkeit unabdingbar ist. Der Kaltrauch bewirkt, daß der Rohschinkenrand sozusagen „offen" bleibt und somit besser durchdrungen werden kann. Das Schinkeninnere wird langsam und stetig geschmacksgebend konserviert.

Das Kalträuchern erstreckt sich über mehrere Wochen. Je nachdem, ob der Schinkenfreund schnell einen Schinken genießen möchte oder ob er sich etwas länger Zeit lassen kann, gibt es zwei Möglichkeiten. Gehört er lieber zu den „Schnellräucherern", so kann er ohne größere Nachteile pro Tag einmal kalträuchern. Öfter zu räuchern, ist nicht anzuraten, weil der Schinken nach jedem Rauchgang erst wieder gut auskühlen muß. Ein täglich einmal überräucherter Schinken ist dann nach acht bis zehn Tagen fertig und kann schon angeschnitten werden. Er ist dann aber in seiner Konsistenz noch ziemlich weich. Einen festeren Schinken bekommt der Räucherfreund dann, wenn er nur alle zwei Tage einmal räuchert. Unter dieser Voraussetzung verdoppelt sich selbstverständlich die Räucherzeit. Je nachdem, welchen Kalträucherschrank man besitzt, dauert ein Räuchergang ca. drei bis fünf Stunden.

Der ideale Raum zum Aufstellen eines Kalträucherschrankes ist ein trockener Kellerraum, in dem die Raumtemperatur bei Erhöhung der

Außentemperatur nicht gleich ansteigt. Räume, die erhöhte Außentemperaturen nur sehr langsam annehmen, sind ideal. Beim Räuchern muß immer darauf geachtet werden, daß der Raum genügend Frischluftzufuhr erhält.

Tips zum Kalträuchern:

1. Schinken nur völlig abgetrocknet in den Rauch hängen.
2. Rauchtemperaturen nicht höher als maximal 35 °C (mit eingehängtem Thermometer kontrollieren).
3. Geringe Schütthöhe des Sägemehls im Aschenkasten bedeutet niedrige Rauchtemperatur; größere Schütthöhe bringt höhere Rauchtemperatur!
4. Nur vollkommen trockenes Sägemehl verwenden, sonst kein kontinuierliches Verglimmen des Sägemehls.
5. Sägemehl immer mit der flachen Hand plattdrücken, damit es guten Schluß hat.
6. In der Mitte des Aschenkastens auf das Sägemehl 4–5 Schraubkappen voll Spiritus schütten, dann anzünden.

Achtung: Niemals Spiritus direkt aus der Flasche auf das Sägemehl schütten. Spiritus darf auch nie auf noch schwelendes Sägemehl gegeben werden. Vorsicht: Explosionsgefahr!

Heißrauch

Der Heißrauch umfaßt einen Temperaturbereich von ca. 45–90 °C. Diese hohen Rauchtemperaturen sind für alle Rohschinken natürlich viel zu hoch und damit tabu. Rohschinken bei solch hohen Temperaturen geräuchert, würde unweigerlich verderben oder nicht haltbar sein. Der Heißrauch ist nur angebracht bei z. B. Kochschinken, Roh- und Kochkasseler-Erzeugnissen oder Heißrauchschinken. Die genannten Produkte werden nach dem Pökeln und einer halbtägigen Abtrocknungszeit 30–60 Minuten heißgeräuchert und dann mit Ausnahme von Rohkasseler-Erzeugnissen gekocht. Durch die kurze Heißräucherung erhalten die Fleischwaren ein zartes und delikates Raucharoma sowie eine schöne Rauchfarbe. Das Heißräuchern bringt aber, im Gegensatz zum Kalträuchern, keine längere Haltbarkeit. Heißgeräucherte Fleischwaren sind Frischwaren und zum alsbaldigen Verzehr bestimmt. Ein Heißrauchofen kann leicht mit etwas handwerklichem Geschick selbst gebaut werden. Wie so etwas geht, ist in einem der folgenden Kapitel beschrieben. Der für die Rohschinkenräucherei benötigte

Pökel- und Räuchertabelle

Pökelware	Lake-pökelung Lakestärke in %[1]	Trocken-pökelung Pökelsalz pro kg Fleisch	Spritz-pökelung Lakestärke in %	Pökeldauer in Tagen: Lake-pökelung	Pökeldauer in Tagen: Trocken-pökelung	Pökeldauer in Tagen: Spritz-pökelung	Wässerdauer bei Trocken-pökelung	Räucherart: heiß	Räucherart: kalt	Koch-dauer in Stunden	Tempe-ratur in °C
Schweineschinken (roh)	12	50 g	–	14	21	–	14 h	–	×	–	–
Rinderschinken (roh)	12	50 g	–	14	21	–	14 h	–	×	–	–
Wildschinken (roh)	12	50 g	–	14	21	–	10 h	–	×	–	–
Gänsebrust/Gänseschlegel	10	–	–	4	–	–	–	–	×	–	
Kochschinken	10	–	10	6	–	2	–	×		2–3	80
Rohkasseler											
Schweinehals (Kamm)	12	–	12	6	–	2	–	×	–	–	–
Schweinerippchen	12	–	12	6	–	2	–	×	–	–	–
Schweinebauch (mager)	10	–	10	6	–	2	–	×	–	–	–
Schweinebauch (fett)	12	–	12	6	–	2	–	×	–	–	–
Kochkasseler											
Schweinehals (Kamm)	12	–	12	6	–	2	–	×		1½	80
Schweinerippchen	12	–	12	6	–	2	–	×		1½	80
Schweinebauch	12	–	12	6	–	2	–	×		1½	80
Schweinerippchen (ungeräuchert)	12	–	12	6	–	2	–	–	–	1½	80
Eisbein + Schweinekopf	12	–	12	6	–	2	–	×		1½	100
Schälrippchen (roh)	12	–	–	2	–	–	–	–	×		
Schälrippchen (gekocht)	10	–	–	2	–	–	–	–	–	½	100
Rinderbrust (roh)	12	50 g	–	12	21	–	14 h	–	×		
Rinderbrust (gekocht)	10	–	10	10	–	2	–	×	–	3–4	80
Rinderzungen (gekocht)	10	–	10	14	–	4	–	×	–	3	100

[1] Lakestärke ca. 12 % = 120 g Pökelsalz in 1 l Wasser auflösen
Lakestärke ca. 10 % = 100 g Pökelsalz in 1 l Wasser auflösen

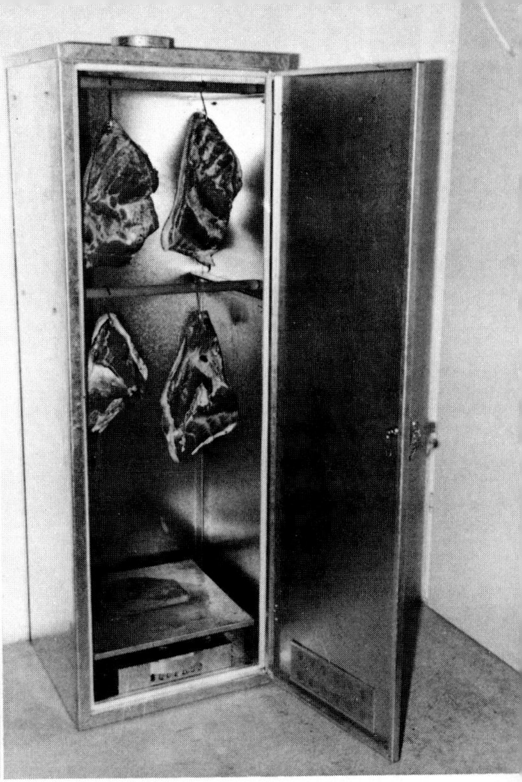

Kalträucherschrank. Links: geschlossen, rechts, geöffnet

Oben: Schinkenkochdose, Pökelbehälter, Handpökelspritze, Lakeprüfer
Links: Heißrauchofen selbstgebaut
(Photos: R. Grüninger)

Kalträucherschrank kann für das Heißräuchern nicht verwendet werden, da einmal sein Volumen zu groß ist, zum anderen feuerpolizeiliche Gründe dieses verbieten. Die für das Heißräuchern erforderlichen Temperaturen können nur in kleinen Geräten wie z. B. Fischräucheröfen oder im selbstgebauten Heißrauchofen erreicht werden. In diesen Geräten ist das Verhältnis Innenvolumen zu Sägemehlmenge viel günstiger. Daneben wird im Heißrauchofen immer mit einer zusätzlichen Hitzequelle wie z. B. einer Spiritusflamme gearbeitet. Das verglimmende Sägemehl allein könnte nicht die erforderliche Temperatur erzeugen.

Hinweise zum Betrieb des selbstgebauten Heißrauchofens:

1. *Spiritusbehälter (z. B. vom Fonduegerät) mit Spiritus füllen und im Freien an windgeschützter Stelle – weitab von brennbaren Stoffen – auf den Boden stellen und anzünden.*
2. *Heißrauchofensockel darüber stellen.*
3. *Sockelabdeckblech auf den Sockel legen.*
4. *Fünf bis sechs Greifhände voll Sägemehl auf der Mitte des Sockelabdeckbleches anhäufen.*
5. *Heißrauchofenoberteil mit Deckel auf Sockelabdeckblech stellen.*
6. *Zu räuchernde Produkte an Fleischhaken unten am Deckel einhängen.*
7. *Heißrauchofen mit Deckel verschließen.*

Tip: Der selbstgebaute Heißrauchofen kann auch ohne Gefahr in den Kalträucherschrank gestellt und dort betrieben werden. Der Vorteil liegt darin, daß man dann im Haus sowohl kalt- als auch heißräuchern kann. Der aus dem Heißrauchofen abziehende Rauch wird im Kaltrauchschrank gesammelt und durch den Kamin abgeführt.

Was brauche ich zum Schinkenräuchern?

Kalträucherschrank

Das zentrale Gerät für das Schinkenräuchern ist ein Kalträucherschrank (siehe Abb.). Ein guter Kalträucherschrank muß mehrere Anforderungen erfüllen. Zum einen sollte er aus verzinktem Stahlblech bestehen, also nicht rosten. Da er oft in etwas feuchteren Kellerräumen steht, sich außerdem bei entsprechenden Raumtemperaturen Schwitzwasser bilden kann, ist dieser Punkt unbedingt zu beachten. Daneben soll über dem Aschenkasten unbedingt ein Rauchverteilerblech, bzw. ein Fettabtropfblech angebracht sein. Auch muß der Kaltrauchschrank absolut rauchdicht und fliegensicher sein, da er in vielen Fällen auch als Aufbewahrungsschrank dient. Schließlich sollte er eine Frischluftzufuhrregulierung besitzen und abschließbar sein.

Ein Kalträucherschrank, der diese Anforderungen erfüllt, kann guten Gewissens angeschafft werden. Der Kauf eines Kalträucherschrankes bzw. Aufbewahrungsschrankes ist eine Investition, die sich schon bei ca. 30–35 kg Schinken voll amortisiert hat. Wenn man bedenkt, daß ein solcher Schrank eine Lebensdauer von 30–40 Jahren hat, sind ca. 400,– DM sehr gut angelegt. Der eigene Räucherschrank ist der ganze Stolz eines jeden Schinkenfreundes, weil es ja ohne ihn nicht geht.

Bezugshinweis: Die Firma Karl Stöhr, Hauptstraße 57, 7531 Ölbronn-Dürrn 2, entwickelte einen speziell für den Schinkenfreund geeigneten zusammenlegbaren Kalträucherschrank, der alle Voraussetzungen erfüllt. Maße 150 cm × 50 cm × 50 cm (siehe Abb.).

Ist der Kalträucherschrank ordnungsgemäß am Kamin angeschlossen, kann das Räuchern beginnen. Es wird empfohlen, am Anfang ein- bis zweimal leer zu räuchern, damit sich der Räucherschrank sozusagen ,,einlaufen" kann. Durch dieses Einräuchern wird der Schrank desinfiziert, es entwickelt sich die ,,Räucherflora". Nach diesem Leerräuchern kann das Schinkenräuchern beginnen.

Hierzu ist der Sägemehl- bzw. Aschenkasten nur ca. 4 cm hoch zu füllen und das Sägemehl platt zu drücken, damit es guten Schluß hat. Wie schon an anderer Stelle erwähnt, darf nicht zu hoch geschüttet werden, weil sonst die Rauchtemperatur zu sehr steigt. Das Sägemehl muß vollkommen trocken sein, sonst geht das Feuer dauernd aus. Auf die Mitte des Sägemehls schüttet man 4–5 Schraubkappen voll Spiritus und zündet an. Zu beachten ist, daß die Rauchstecken, auf die die Haken gehängt werden, möglichst auf das obere Leistenpaar im Räucherschrank gelegt werden. Damit ist gewährleistet, daß der Abstand zwischen Hitzequelle und Schinken möglichst groß ist. Beim Räuchern muß die Frischluftzufuhr zum Schrankinnern immer gegeben sein. Dies wird durch Öffnen der Zuluftklappe an der Schranktür erreicht. Die Frischluftzufuhr zum Räucherraum wird durch Kippen eines Fensterflügels erreicht. Nach jedem Räuchergang, der ungefähr drei bis fünf Stunden dauert, legt man eine mindestens 1- bis 1½tägige Räucherpause ein. In dieser Zeit kann der Schinken immer gut auskühlen, was für das Räucherergebnis sehr wichtig ist.

Tip: Wer keinen geeigneten Kaminanschluß besitzt, kann den Kalträucherschrank auch gut im Garten betreiben. Voraussetzung ist allerdings, daß ein ca. 2 m langes Ofenrohr auf den Räucherschrank gesetzt wird. Guter Zug ist für das einwandfreie Funktionieren eines Kalträucherschrankes immer entscheidend.

Hinweis: Jeder Hersteller von Kalträucherschränken legt eine Bedienungsanleitung zum Aufstellen und Betrieb des Gerätes bei. Es empfiehlt sich dringend, die allgemeinen und feuerpolizeilichen Hinweise zu beachten und vor Aufstellung des Räucherschrankes den zuständigen Bezirksschornsteinfegermeister zu konsultieren.

Räuchermaterialien

Das wichtigste Räuchermaterial ist das Sägemehl der verschiedenen Gehölze. Am besten eignet sich Buchensägemehl, das die Schinken goldgelb bis rötlich färbt und einen milden Rauchgeschmack verleiht. Eichen- und Erlensägemehl bewirken einen kräftigen Geschmack. Weidensägemehl erzeugt ein besonders delikates Raucharoma. Erfahrene „alte Hasen" verwenden auch noch ganz oder teilweise Akaziensägemehl, das einen feinherben, kräftigen Rauchgeschmack ergibt. Die verschiedenen Sägemehle können aber auch gemischt werden. Hierdurch lassen sich die phantastischen Raucharomen erzielen. Der eigenen Experimentierfreudigkeit sind hier keine Grenzen gesetzt. Nicht immer wird es jedoch möglich sein, Buchen- oder Eichensägemehl zu bekommen. Zur Not tut es dann auch Sägemehl von Fichte oder Tanne. Das Sägemehl von harzenden Weichhölzern hat allerdings den Nachteil, daß es die Räucherwaren bei starker Räucherung zu dunkel färbt und auch leicht einen etwas bitteren Rauchgeschmak gibt. Wenn man die Schinken deshalb nur dunkelgelb räuchert, ist der beschriebene Nachteil einigermaßen auszugleichen. Die Fleischer im Schwarzwald verwenden ja in den allermeisten Fällen auch Sägemehl von harzenden Koniferen, weil dort Harthölzer nicht zur Verfügung stehen.

Das Sägemehl besorgt sich der Schinkenfreund am besten in einem Sägewerk. So ist die Garantie gegeben, daß es von noch naturbelassenen Hölzern stammt. Darunter sind Hölzer zu verstehen, die unbehandelt sind. In Schreinereien oder Zimmereien kann es nämlich vorkommen, daß Hölzer mit Holzschutzmitteln oder Lackresten in Berührung kamen und dann gesägt wurden. Ein solchermaßen verunreinigtes Sägemehl wäre in hohem Maße gesundheitsschädlich, da sich beim Räuchern aus den chemischen Substanzen gefährliche Dämpfe entwickeln können!

Neben dem Sägemehl, das die Grundlage des Räuchermaterials bildet, spielen auch noch andere Räuchermaterialien bei der Aromaverbesserung eine Rolle. Zum Beispiel kann durch das Auflegen von Tannen- oder Fichtenzapfen auf das Sägemehl eine gewisse Aromaabrundung erreicht werden, die dem Schinken den extravaganten Pfiff gibt. Auch das Auflegen von etwas grünem Tannen- oder Fichtenreis oder von Wacholderbeeren, Kümmel, Bucheckern oder Eicheln trägt zum besonderen Räucherergebnis bei. Diese Zutaten sollten allerdings nur sparsam verwendet werden.

Dem Schinkenfreund bietet sich eine Vielzahl von individuellen Möglichkeiten bei der Auswahl und Zusammenstellung von Räuchermaterialien an. Das Schinkenräuchern wird somit zu einer „Geheimwissenschaft", denn die individuellen Räuchermittelzusammensetzungen bringen auch spezielle Geschmacksrichtungen. Nicht umsonst haben auch gewerbliche Schinkenräucherer ihr „Spezialrezept", das sie unter keinen Umständen preisgeben möchten. Ein unendliches Experimentierfeld eröffnet sich hiermit dem Schinkenfreund. Viel Freude und Spaß sind dauernde Wegbegleiter des Räucherfreundes.

Tip: Sägemehl vom Sägewerk muß immer noch getrocknet werden. Es wird am besten in Jute-Säcke gefüllt und im Heizraum vorgetrocknet. Jutesäcke sind luftdurchlässig, und die Feuchtigkeit kann verdunsten. Niemals Plastiksäcke verwenden, da ein Luftaustausch nicht gegeben ist! Auch ist das Vortrocknen von Tannen- oder Fichtenzapfen empfehlenswert.

Bezugsquellen für Räuchermehl: Die Firma Günther Springer Spanholz GmbH, Postfach 1123, 2805 Stuhr 1 (bei Bremen), liefert Buchenholz-

Räuchermehl „Spezial" in Packungen zu 500 g. Die Firma Springer hat sich seit 25 Jahren auf die Herstellung und den Vertrieb von Räuchermehl spezialisiert. Auch können die verschiedensten Räuchermehle bei der Firma Fischzucht, 3149 Volkstorf bei Lüneburg, bezogen werden.

Was brauche ich zum Pökeln?

Pökelsalz

Pökelsalz ist eine für die Herstellung aller Schinkenarten und -sorten verwendete Mischung aus ca. 99,6 % Kochsalz (NaCl) und ca. 0,4 % Natriumnitrit ($NaNO_2$). Diese 0,4 % Pökelstoff reichen in Verbindung mit dem Kochsalz aus, um eine gute konservierende Wirkung zu erzielen. Die Mikroorganismen werden durch das Pökelsalz stark gehemmt bzw. abgetötet. Der Pökelstoff ist darüber hinaus für die schöne rote, appetitliche Schinkenfarbe verantwortlich, und schließlich hat er eine geschmacksverbessernde Eigenschaft. Früher stellte man in Fleischereien und bei Hausschlachtungen eigene Pökelmischungen zusammen, so z. B. aus Kochsalz und Kalisalpeter. Diese Methode hatte den Nachteil, daß der Pökelvorgang bzw. die Umrötung relativ lange Zeit in Anspruch nahm. Die Verwendung von Pökelsalz, das übrigens in staatlich überwachten Betrieben gemischt wird, bietet den Vorteil, daß der Pökelvorgang wesentlich schneller verläuft. Aus dem Pökelsalz entsteht unter Einwirkung von Zucker in einem komplizierten biochemischen Prozeß salpetrige Säure. Der weitere Abbau von salpetriger Säure führt zur Stickoxidbildung. Das Stickoxid verbindet sich mit dem roten Fleischfarbstoff (Myoglobin) zu Nitrosomyoglobin, das auch Pökelrot genannt wird. Dieses uns allen bekannte Pökelrot ist im Gegensatz zum roten Fleischfarbstoff kochbeständig. Ungepökeltes Fleisch wird deshalb beim Kochen grau, gepökeltes bleibt rot bis rosa. Aus genanntem Grunde haben alle Kochpökelwaren, wie z. B. Kochschinken, Pökelrippchen, Eisbein, Zunge, eine rötliche Farbe.

Unter den Verhältnissen der Hobby-Schinkenräucherei wird bei der Trockenpökelung mit einer Pökelsalzmenge von 50 Gramm je Kilogramm Fleisch gerechnet. Bei der Lake- und Spritzpökelung mit Lakekonzentrationen zwischen 10 und 12 Gewichtsprozenten (siehe auch Kapitel Trocken-, Lake- und Spritzpökelung).

Achtung! Pökelsalz hat die physikalische Eigenschaft, daß es sich leicht entmischt. Der Pökelstoff ($NaNO_2$) wandert mit der Zeit nach unten. Es ist somit unbedingt erforderlich, das gesamte Pökelsalz vor jeder Entnahme gut umzuschaufeln. Zusätzlich empfiehlt es sich dringend, den Pökelsalzvorrat so gering wie möglich zu halten und lieber öfter kleinere Gebinde zu kaufen, damit immer frisches zur Verfügung steht. Altes oder überlagertes

Pökelsalz ist in seiner Wirkung herabgesetzt. *Wichtig:* Pökelsalz immer verschlossen und trocken lagern!

Bezugshinweis: Die Firma Heinrich Salm, Durlacher Allee 55, 7500 Karlsruhe, liefert Pökelsalzgebinde in Mengen von 1 und 2 kg. Darüber hinaus kann Pökelsalz in allen der Öffentlichkeit zugänglichen Metzgereinkaufsgeschäften erworben werden. In Bayern führen teilweise auch die landwirtschaftlichen Lagerhäuser „Baywa"-Pökelsalz!

Zucker

Wird beim Schinkenpökeln etwas Zucker zum Pökelsalz gemischt, verläuft der ganze Pökelprozeß günstiger. Die im Fleisch vorhandenen aromabildenden Bakterien erhalten durch die Zuckerzugabe einen Nährstoff, der es ihnen ermöglicht, sich gut zu entwickeln und kräftig Aroma zu bilden. Es erfolgt auf diese Weise eine gute Abrundung des Geschmacks. Für die Umrötung ist Zucker insofern von Bedeutung, als er den Umrötungsbakterien die Energie für ihre Arbeit liefert. Neben den genannten Aufgaben dient Zucker auch als Nährboden für fleischmilchsäurebildende Bakterien. Die Fleischmilchsäure macht das Fleisch mürbe und hat zusätzlich konservierende Eigenschaften, weil sie den Säuregrad erhöht und damit den pH-Wert senkt.

Für den optimalen Ablauf des Pökelvorganges ist die verwendete Zukkermenge entscheidend. Im allgemeinen rechnet man auf 1 kg Pökelsalz 10 g Zucker (2 gehäufte Teelöffel). Ein zu geringer Zuckerzusatz schafft nicht die günstigen Voraussetzungen für den Umrötungsvorgang. Zuviel Zucker kann sich negativ auswirken. Es besteht dann die Gefahr, daß sich zuviel konservierende Säure bildet, die ihrerseits wieder die Umrötungsbakterien hemmt. Von Bedeutung ist auch die zugegebene Zuckerart. Einfache Zucker wie z. B. Traubenzucker werden schneller abgebaut als doppelte Zucker wie z. B. Rübenzucker (Haushaltszucker). Ideal wäre es, pro Kilogramm Pökelsalz 5 g Einfachzucker (Traubenzucker) und 5 g Doppelzucker (Rüben- oder Haushaltszucker) zu dosieren (5 g = 1 gehäufter Teelöffel). Traubenzucker gibt es in jedem Lebensmittelgeschäft.

Natürlich ist es auch möglich, Schinken ohne Zuckerzugabe zu pökeln. In der Regel geht dies auch gut. Besser ist es jedoch, wenn die angegebenen Zuckerarten und -mengen zugemischt werden. Die ausschließliche Verwendung von normalem Haushaltszucker führt, insbesondere bei der 3wöchigen Trockenpökelung, auch zu guten Ergebnissen. Bei der Lake- und Spritzpökelung dagegen sollte im Hinblick auf die kürzere Verweildauer der Fleischstücke in der Lake Traubenzucker gewählt werden.

„Eine Speise ohne Gewürz,
ist eine Blume ohne Duft."
(Alter Spruch)

Gewürze

Für die hauseigene Schinkenräucherei benötigt der Schinkenfreund einige in den meisten Haushalten sowieso schon vorhandene Gewürze. In der Hauptsache sind dies Wacholder, Koriander, Kümmel, Lorbeer, Pfeffer und Knoblauch. Erst die Verwendung eines oder auch mehrerer Gewürze ergibt zusammen mit Pökelsalz, Zucker und Räucherung eine wohlschmeckende, duftende und haltbare Räucherware.

Gewürze wirken durch ihren Gehalt an ätherischen Ölen, und, wie z. B. der Pfeffer, zusätzlich noch durch Bitterstoffe. Die Gewürze haben bei der Schinkenherstellung wie auch in anderen Küchenbereichen mehrere Aufgaben zu erfüllen. Sie verbessern den Geruch und Geschmack, regen den Appetit und die Verdauung an. Sie runden den Geschmack des Schinkens ab und geben ihm eine gewürzspezifische Note.

Der Schinkenfreund erhält alle Gewürze aus den Gewürzborden der Lebensmittelgeschäfte bzw. der Supermärkte. Diese Gewürze sind heute qualitativ sehr hochwertig und praktisch keimfrei. Dies ist wichtig, da die Gewürze ja mit rohem, leicht verderblichem Fleisch zusammentreffen. Mit alten, bakterienverseuchten Gewürzen könnte der Schinken mißlingen. Zur Gewürzlagerung noch einige Ratschläge: Sämtliche Gewürzdosen oder -beutel müssen sorgfältig verschlossen, dunkel und kühl aufbewahrt werden. Trockene Lagerung ist besonders wichtig. Feuchtigkeit führt zur Klumpenbildung und zum Verschimmeln der Gewürze.

Die Würzvorschläge bei den einzelnen Rezepturen sind lediglich Anregungen, die durch eigene Versuche jederzeit abwandelbar sind. Hier bietet sich, wie auch bei der Zusammenstellung von Räuchermehlen bzw. sonstigen Räuchermaterialien, wieder ein weites Betätigungsfeld für den Räucherfreund. Selbstentwickelte Gewürzmischungen lassen unendlich viele Geschmacksvarianten zu. Jeder kann sich „seine Würzmischung" zusammenstellen, die dann „die beste" ist.

Achtung: Für die Schinkenwürzung dürfen nur frische und entkeimte Gewürze genommen werden, da sonst Fehlfabrikate die Folge sind.

Bezugshinweis: Beim intensiveren Betreiben des Schinkenräucherhobbys empfiehlt es sich durchaus, gleich etwas größere Gewürzgebinde zu kaufen. Die Gewürze in Kleinstpackungen sind, auf die Menge umgerechnet, sehr teuer. Einzelgewürze können in Gebinden ab 250 g preiswert von der Firma Heinrich Salm, Durlacher Allee 55, 7500 Karlsruhe 1, bezogen werden.

Pökelgefäße

Für die Trocken- und Lakepökelung (Naßpökelung) braucht der Schinkenfreund auf jeden Fall ein geeignetes Pökelgefäß. Ideal ist hierzu ein lebensmittelechter, runder Behälter (siehe Photo). Rund deshalb, weil dies ein günstigeres Fleisch-Lake-Verhältnis ergibt als ein viereckiger Behälter. Auch eine runde, große Schüssel ist geeignet. Dies trifft natürlich nur für die Lakepökelung zu. Bei der Trockenpökelung kann es auch gut ein viereckiges Gefäß sein. Holzgefäße sind aus hygienischen Gründen abzulehnen, da sie nicht so gut gereinigt werden können. Steingut- und andere Behälter, die schadhafte Stellen aufweisen, sind ebenfalls nicht geeignet. Bei allen Pökelbehältern ist darauf zu achten, daß sie vor dem Einlegen der Pökelstücke gut mit heißem Wasser und ohne Spülmittel gereinigt werden. Das kalte Nachspülen ist selbstverständlich. Hygienische Fehler, die hier gemacht werden, sind irreparabel. Sie können das gesamte Pökelergebnis zunichte machen. Sauberkeit ist die Quelle des Erfolges! Schließlich sollte das Pökelgefäß einen Deckel haben. Zur Not tut es auch ein sauberes, aufgelegtes Tuch.

Bezugshinweis: Entsprechende Pökelbehälter mit Deckel können in den Metzgereinkaufsgeschäften, meist in der Nähe von Schlachthöfen, gekauft werden. Die Firma H. Salm liefert einen speziell für den Hausgebrauch geeigneten 40-Liter-Pökelbehälter (siehe Abb.). Preis ca. 55,– DM.

Pökelraum

Die für die Pökelvorgänge günstigsten Temperaturen liegen bei ca. 8–10 °C. Aus diesem Grunde sind Kellerräume in der Regel ideal. Es ist jedoch darauf zu achten, daß die Hausheizung, evtl. sogar von einem angrenzenden Nebenraum aus, die Raumtemperaturen nicht auf über 12 °C erhöht. Pökeltemperaturen von über 12 °C können besonders bei der Lakepökelung gefährlich werden. Bei der Trockenpökelung dürfen Raumtemperaturen bis 15 °C herrschen. Es ist zu empfehlen, daß die Temperatur im Pökelraum immer mit einem Thermometer überprüft wird. Wesentliche Vorbedingung für eine gute und reinschmeckende Pökelware ist peinliche Sauberkeit des Pökelkellers. Kellerräume mit schimmligen Wänden und faulenden Obst- und Gemüseresten sind ungeeignet. Durch solche Unsauberkeit entsteht eine muffige Luft, die unmittelbar die Lake bzw. die Pökelstücke beeinflußt. Beschädigte Stellen im Fußboden, an den Wänden und an der Decke müssen ausgebessert werden, da sie Brutstätten für

Schimmel- und Bakterienkulturen sind. Auch dürfen in einem Pökelraum keine stark riechenden Stoffe, wie z. B. Öle und Lacke, gelagert werden, da Pökelfleisch leicht Fremdgerüche annimmt. Schließlich ist noch wichtig, daß der Pökelraum immer gut belüftet ist. Abgedunkelte Fenster sind zu empfehlen, da zuviel Licht die Fettzersetzung sowie die Bakterienentwicklung fördert. Fliegengitter vor dem Fenster sind selbstverständlich.

Tip: In den schon etwas wärmeren Übergangsmonaten März und April kann das Fleisch auch im Kühlschrank gepökelt werden.

Schinken und Geräuchertes eindosen – warum nicht?

Das Eindosen ist eine sehr gute Möglichkeit, edle Räucherwaren in einer arbeitsarmen Zeit (Winter) herzustellen, ohne sie bald verbrauchen zu müssen. Fleischsonderangebote können auf diese Weise genutzt werden und einen reichlichen Vorrat an deftiger Hausmannskost ergeben. Überraschend eintreffender Besuch wird Schinken und Gepökeltes aus der Dose bestimmt gern essen! Ein größerer Dosenvorrat ist aber gleichzeitig eine gewisse Versicherung für evtl. Not- und Krisenzeiten. Viele Zeitgenossen können sich das im Moment zwar nicht vorstellen, erfahrene ältere Menschen wissen aber genau, was es damit auf sich hat! Vorsorgen ist jedenfalls besser als hungern. In früheren Zeiten war es auf dem Lande selbstverständlich, beim Hausschlachten einen größeren Vorrat an Pökelfleisch anzulegen. In jüngerer Zeit ist dieser Trend des verstärkten Einkochens wieder deutlicher auch in der nichtländlichen Bevölkerung festzustellen. Dem Schinken- und Räucherfreund bietet die Konservenherstellung phantastische Möglichkeiten. Man denke nur an die universelle Verwendbarkeit der Dosen beim Wandern, beim Campen oder auf Reisen. Dosen haben den Vorteil, daß sie nicht wie Gläser zerbrechen können. Für das Eindosen empfehle ich Patentverschlußdosen mit 400 g Inhalt. Die Firma H. Salm, Durlacher Allee 55, 7500 Karlsruhe 1, liefert diese Dosen, die aber auch in vielen Haushaltswarengeschäften erhältlich sind.

Das Prinzip des Haltbarmachens von Schinken und geräucherten Pökelwaren ist relativ einfach. Rohes oder teilweise vorgegartes Fleisch wird in Dosen eingefüllt und in kochendem Wasser eine gewisse Zeit gekocht. Bei diesem Kochprozeß durchdringt die Hitze nach und nach das Fleisch. Das Räucher- und Pökelfleisch wird durch die stattfindende Eiweißgerinnung schnittfest. Vorhandene Mikroben werden durch die Hitze abgetötet. Voraussetzung ist aber, daß ausreichend lange und bei entsprechenden Temperaturen sterilisiert wird. Wenn Fehler beim Sterilisieren vorkommen, kann der Doseninhalt leicht verderben. Der Verderb ist auf noch vorhandene Bakterien in der Dose zurückzuführen. Sie zersetzen mit der Zeit den Doseninhalt und scheiden bei ihrem Stoffwechsel Kohlendioxid aus, das den Dosendeckel hochtreibt. Dosen mit gewölbtem Deckel nennt man Bombagen. Der Inhalt von bombierten Dosen darf unter gar keinen Umständen gegessen werden. Der Genuß hätte schwerwiegende Folgen, die sogar zum Tode führen können. Bombagen also immer wegwerfen und nie in geschlossenen Räumen öffnen! Auch wenn die Dosen keinen gewölbten Deckel haben, muß immer der Geruch der geöffneten Dose geprüft werden. Ist der Geruch verändert, Doseninhalt nicht verwenden.

Achtung! Beim Einkochen von Schinken- und Pökelwaren bei normalem Luftdruck können nicht an jedem Ort 100 °C Wassertemperatur erreicht werden, da mit steigender Höhe über dem Meeresspiegel (NN) die Siedetemperatur des Wassers aufgrund der abnehmenden Luftsäulenhöhe sinkt. Wenn also das Kochwasser z. B. schon bei 96 °C siedet, wird ein kleiner Teil der Mikroben in der Dose nicht abgetötet. Auch gibt es Bakterienarten, die erst bei Temperaturen von ca. 110–130 °C eliminiert werden. Der Schinkenfreund kann aus genannten Gründen und bei einmaliger Sterilisation keine Vollkonserven herstellen, sondern nur Halbkonserven (Präserven). Vollkonserven können bei einmaliger Sterilisation nur in der Fleischerei bzw. in anderen Großbetrieben mit Hilfe teurer Druckkessel hergestellt werden, deren Anschaffung sich für den Privatmann nicht lohnen würde. Im Prinzip funktionieren sie so, wie der allseits bekannte Dampfdrucktopf im Haushalt. Durch die Druckerhöhung entstehen Siedetemperaturen von ca. 115–130 °C. Erst bei solch hohen Temperaturbereichen ist sichergestellt, daß auch alle evtl. schädlichen Mikroben vernichtet werden. Der Doseninhalt ist praktisch keimfrei oder steril. Eine Vollkonserve ist jahrelang haltbar. Aus geschmacklichen Gründen sollte man sie jedoch nicht länger als zwei Jahre aufbewahren.

Durch eine einfache und sehr kostengünstige Maßnahme kann der Schinkenfreund ebenfalls annähernd Vollkonserven herstellen. Hierzu braucht er nur die Dosen nach Vorschrift einzukochen. Nach dem Abkühlen in kaltem Wasser sind die Dosen zwei Tage bei Zimmertemperatur (20 °C) zu lagern. Während dieser zwei Tage keimen noch etwa vorhandene Sporen aus und werden durch eine jetzt folgende zweite Sterilisierung sicher abgetötet. Diese zweite Sterilisierung dauert nur 60 Minuten. Wird jedoch das eingemachte Schinken- und Pökelfleisch innerhalb von zwei bis drei Monaten nach der bei normalem Luftdruck erfolgten ersten Sterilisation verzehrt, so reicht ein einmaliges Sterilisieren nach Vorschrift aus.

Richtiges Eindosen ist keine Kunst. Bei Beachtung der folgenden Regeln und der Tips speziell für die Patent-Dauerdosen kann nichts schiefgehen.

1. *Alle Dosen, Deckel und Gummiringe müssen in einwandfreiem und hygienischem Zustand sein.*

2. *Dosen nach dem Füllen sofort verschließen und sterilisieren.*
3. *Dosen mit kaltem Inhalt in kaltes, Dosen mit warmem Inhalt in warmes Wasser stellen.*
4. *Die Kochzeit beginnt erst dann, wenn das Wasser sprudelt.*
5. *Auf dem Boden des Sterilisiertopfes (sehr gut eignet sich ein elektrisch beheizbarer) muß ein Draht- oder Blechrost liegen, damit die Dosen den Boden nicht berühren.*
6. *In das Kochwasser 2 Eßlöffel Kochsalz geben. Durch diese Salzzugabe wird die Wassertemperatur beim Sterilisieren um einige Grade erhöht. (Diese kleine Temperaturerhöhung wirkt sich auf die Sicherheit der Sterilisation wesentlich aus).*
7. *Dosen nur bis 2 cm unter den Rand füllen! Wird Fleisch oder Wasser höher eingefüllt, kann durch Ausdehnung des Doseninhaltes beim Kochen Fett zwischen Deckel, Gummiring und Dose gelangen. Ein sicherer Verschluß ist dann nicht gegeben.*
8. *Nach der vorgeschriebenen Einkochzeit müssen alle Dosen in kaltem, möglichst unter fließendem Wasser (evtl. Badewanne) abgekühlt werden!*
9. *Die Dosen müssen beim Kochen immer unter Wasser stehen.*
10. *Die Einkochdauer beträgt für die 400-g-Dose 120 Minuten (die Einkochzeiten sind Richtwerte ohne Gewähr).*

Spezielle Tips bei Verwendung von Dauerdosen mit Patentverschluß (von den Herstellerfirmen empfohlen):

1. *Dose und Deckel vor Gebrauch ohne Zusatz von Reinigungsmitteln heiß ausspülen.*
2. *Gummiring vor Gebrauch in heißes Wasser tauchen und glatt, also nicht verschränkt, auf dem Deckel legen.*
3. *Deckel mit aufgezogenem Gummiring auf die Dose setzen.*
4. *Verschlußring mit geöffnetem Hebel (breiter Rand nach oben, siehe Prägung im Verschlußhebel) beidhändig leicht auseinanderziehen und soweit über den Deckel nach unten führen, bis der Verschlußring Deckel- und Dosenrand gleichmäßig umschließt.*
5. *Den richtigen Sitz von Deckel und Verschlußring überprüfen, bevor dieser durch Umlegen des Handhebels gespannt wird. Dann den Verschlußring mit einer Hand von oben umfassen und zusammendrükken. Durch Umlegen des Verschlußhebels mit dem Handballen der freien Hand die Dose verschließen.*
6. *Sterilisiert wird in der üblichen Weise. Spannringe nach Auskühlen der Dosen nicht entfernen.*

7. *Vor dem Einlagern Dosen gut abtrocknen und mit Zwischenräumen stapeln.*
8. *Den Verschlußring vor dem Entleeren der Dose öffnen. Dann den Ring etwas auseinanderziehen und nach oben abheben. Sollte der Deckel noch festsitzen, leicht mit geeignetem, stumpfem Gegenstand (Löffelstiel) zwischenfassen.*
9. *Nach dem Leeren der Dose alle Teile (Dose, Deckel, Spannring, Gummi) mit heißem Wasser ohne Zusätze gründlich reinigen und trocknen.*
10. *Dosen bis zur Wiederverwendung trocken lagern, da sie sonst rosten. Gummiringe flach liegend aufbewahren.*

Schwein kann man nie genug haben
(Volksmund)

Schinken aufbewahren – aber wie?

Rohschinken

Ist das Räucherresultat, ein köstlicher, mit viel Liebe und Passion geräucherter Schinken, fertig, so gilt es, diese Gaumenfreude möglichst optimal aufzubewahren.

Für die Lagerhaltung von Rohschinken gibt es einige Ratschläge, die, werden sie beachtet, vor Verlusten schützen und ungetrübten Schinkengenuß garantieren. Rohschinken sollten immer kühl und leicht luftig hängen. Raumtemperaturen um 10 °C sind ideal. Die relative Luftfeuchtigkeit soll zwischen 65 und 75 % betragen. Temperaturen von über 15 °C fördern den Fettverderb, das sogenannte „Ranzigwerden". Werden die Schinken zu kalt aufbewahrt, verblaßt die Farbe. Zu warme Lagerung mindert den Geschmackswert des Schinkens. Die leichte Luftbewegung ist deshalb günstig, weil der Schinken hierdurch besser trocknet, um dann seine Schnittfestigkeit zu erreichen. Auch macht ihn der allmähliche Wasserverlust noch haltbarer, da der a_W-Wert beträchtlich sinkt (der a_W-Wert gibt den Anteil von freiem, ungebundenem Wasser in einem Lebensmittel an, das den Mikroben zu ihrer Vermehrung zur Verfügung steht!). Allerdings sollte der Schinken auch nicht zu zugig hängen, da dann ein Trockenrand die Folge wäre. Dieser Trockenrand verhindert eine weitere Wasserabgabe aus dem Schinkeninneren. Der Schinken ist zwar außen hart, jedoch innen weich. Eine Bakterienentwicklung im Kern und damit ein „Stickigwerden" liegt jetzt im Bereich des Möglichen. Der Räucherschrank, steht er nicht in einem zu warmen Raum, ist der beste Aufbewahrungsort für Rohschinken. Außer auf Temperatur und Luftfeuchtigkeit ist unbedingt auf fliegenfreie Aufbewahrung zu achten. Der Räucherschrank erfüllt auch diese Anforderung. Eigelege von Schmeißfliegen dürften in jedem Fall zu bösen Überraschungen führen, da sich daraus binnen kurzer Zeit gefräßige Maden entwickeln können.

Wer möchte, kann auch einen Teil des geräucherten Schinkens einfrieren. Eine Einfrierdauer von mehr als zwei Monaten ist nicht zu empfehlen.

Kochschinken

Kochschinken ist nicht wie der Rohschinken eine Dauerpökelware, sondern eine Frischpökelware, die innerhalb kurzer Zeit verbraucht werden muß. Der Grund liegt darin, daß Kochschinken einen viel höheren Wassergehalt aufweist, der von der Lake- oder Spritzpökelung herrührt. Er hat, aufgrund nur relativ kurzer Pökelzeit, eine wesentlich geringere Pökelsalzkonzentration. Schließlich ist er auch im Normalfall nicht kaltgeräuchert, sondern nur kurz heiß geräuchert worden. Alle genannten Faktoren vermindern nun seine Haltbarkeit.

Die beste Lösung bei der häuslichen Kochschinkenherstellung ist, den Kochschinken nach dem Garen in der Kochschinkendose in Portionen aufzuschneiden und in entsprechenden Folienverpackungen einzufrieren. Auf diese Weise hat der Schinkenfreund immer einwandfreien und saftigen Kochschinken zur Verfügung.

Sonstige Pökelwaren

Auch diese Erzeugnisse sind wie der Kochschinken Frischwaren, die gleichfalls innerhalb einer Woche verbraucht werden müssen. Das Einfrieren von nicht gleich verwertbarer Ware ist ebenfalls möglich, sofern die Erzeugnisse nicht aus bereits gefrorenem und wiederaufgetautem Fleisch hergestellt wurden.

Oben: Im Vordergrund fettdurchzogener Vorderschinken, im Hintergrund und vorne rechts Rohschinken. Unten: Goldgelb und schwarzgeräucherte Rohschinken (Schwarzwälder) aus kleineren und größeren Teilstücken (Photos: Raps, Kulmbach/Bayern)

Für heimwerkende Räucherfreunde – ein Heißrauchofen selbstgebaut

Wenn Sie bei Kochschinken und bei den übrigen Pökelwaren nicht auf das beliebte Raucharoma verzichten möchten, können Sie sich fast zum Nulltarif einen Heißrauchofen bauen, und das in weniger als zwei Stunden. Heißräuchern kann man im normalen Kalträucherschrank nicht, weil das Innenvolumen zu groß ist und die benötigten Rauchtemperaturen nicht erreicht werden. Darüber hinaus verbieten feuerpolizeiliche Gründe das Heißräuchern mit dem Kaltrauchschrank.

Wie gehen Sie am besten vor? Besorgen Sie sich zwei zylindrische Dosen oder Blechkannen mit ungefähr folgenden Maßen: Höhe 70–100 cm, Durchmesser 30–40 cm. Achten Sie darauf, daß auf der Innenseite der Blechkannen keine Lackreste oder sonstige Chemikalien haften, die beim Räuchern sehr gefährliche, gesundheitsschädliche Dämpfe abgeben könnten. Haben Sie zwei gleich große Behälter gefunden, bohren Sie mit einem Metallbohrer, der einen Durchmesser von 10 mm hat, bei der einen Blechkanne jeweils einen Zentimeter unterhalb des Deckels bzw. über dem Boden ein Loch. Anschließend sägen Sie mit der Metallstichsäge den Deckel und Boden ab. Auf dem Deckel befestigen Sie einen Haltegriff, der am zweckmäßigsten angeschraubt wird. Dann montieren Sie an die Unterseite des Deckels einige Metallhaken, in die später die Fleischhaken eingehängt werden können. Sehr vorteilhaft ist es, wenn Sie diese Metallhaken an der Oberseite des Deckels verschrauben. In den Deckel bohren Sie noch 10–15 10 mm große Löcher, durch die der Heißrauch abziehen kann. Jetzt sägen Sie von der zweiten Blechkanne ein 10 cm langes Stück ab und sägen noch den Boden heraus. Dieser Teil dient als Sockel für den Heißrauchofen. Um den Zug zu verbessern, müssen jetzt noch 10–15 Löcher in die Außenwand des Sockels gebohrt werden, damit der Spiritusbrenner genügend Luft bekommt. Ein ausreichend großes, dünnes Blech wird nun auf den Sockel gelegt. Unter dieses Blech in den Sockel stellen Sie den Spiritusbrenner eines Fonduegerätes oder einen selbstgebauten (kleine Konservendose mit Watte oder Glaswolle vollstopfen und Spiritus einfüllen). Die Spiritusflamme läßt beim Betrieb des Heißrauchofens das Sägemehl verglimmen, das auf das Sockelabdeckblech aufgeschüttet wird (ca. fünf feste Greifhände voll). Daneben liefert sie die nötige Energie für den Heißrauch. Auf das Sockelabdeckblech stellen Sie die Blechkanne, aus der Sie Deckel und Boden herausgesägt haben. Der Deckel mit Haltegriff verschließt den Heißrauchofen. Wer noch etwas für die Optik tun möchte, streicht seinen „Heißrauchofen" außen mit schwarzem oder weißem Ofenlack an – fertig!

So, jetzt haben Sie DM 150,– bis 200,– verdient, denn soviel kostet ein entsprechender Heißrauchofen zum Räuchern von Fischen.

Funktion: Möchten Sie Kochschinken oder andere Pökelwaren räuchern, so ist zuerst der Spiritusbehälter zu füllen und anzuzünden. *Vorsicht! Spiritus niemals in offenes Feuer oder in noch glimmendes Sägemehl schütten!* Explosionsgefahr! Spiritusbehälter in die Mitte des Sockels stellen und den Sockel mit dem Sockelabdeckblech abdecken. Trockenes Sägemehl auf das Sockelblech häufen (ca. fünf Hände voll). Heißrauchofenoberteil mit eingehängten Fleischteilen aufsetzen (siehe Abb.). Achtung! Der selbstgebaute Heißrauchofen darf nur im Freien aufgestellt und betrieben werden. Er ist vor Windeinfluß zu schützen, da die Spiritusflamme leicht erlischt.

Tip: Wer einen Kalträucherschrank besitzt, kann den Heißrauchofen zum Betrieb einfach in den Kalträucherschrank stellen. In diesem Falle hat er eine komplette Kalt- und Heißräucherei im Hause. Der Heißrauch des Heißrauchofens sammelt sich im Kalträucherschrank und zieht durch den Kamin ab. Ich selbst arbeite nur noch mit dieser Alternative und habe dabei viel Freude.

Rezeptteil

Rohschinken

Wichtige Hinweise

Die Rohschinkenräucherei kann im Privathaushalt nur in den Monaten mit „R" empfohlen werden, also von September bis April. Sind jedoch die Temperaturen im September und Oktober noch zu hoch (Altweibersommer), so sind auch diese beiden Monate nicht für die Rohschinkenherstellung zu empfehlen. Als Standardregel gilt, daß die Außentemperaturen 20 °C nicht überschreiten sollen. Ansonsten liegen die Pökelraumtemperaturen wesentlich über den angegebenen erforderlichen Werten. Wer jedoch auch in der wärmeren Jahreszeit Rohschinken machen will, kann das zur Not tun. Er muß dann allerdings die Pökelung in kleinen Mengen im Kühlschrank durchführen.

Für den Erfolg bei der Schinkenräucherei sind zwei Faktoren ausschlaggebend, erstens die Hygiene, zweitens das Alter des Fleisches zum Zeitpunkt des Pökelns. Grundsätzlich gilt, wie auch an anderer Stelle schon erwähnt, daß nur frisches, sauberes, einwandfreies Fleisch zur Schinkenmacherei ausgewählt wird. Wässriges Fleisch, sogenanntes PSE-Fleisch, ist abzulehnen. PSE bedeutet: Pale = blaß, Soft = weich, Exudative = wäßrig. Im normalen Muskelfleisch sinkt der pH-Wert (Säuregrad des Fleisches) innerhalb von 24 Stunden (bei Schweinen) auf 5,5 ab. Bei PSE-Fleisch fällt der pH-Wert schon innerhalb einer Stunde auf unter 5,8 ab. Das Fleisch wird dadurch blaß und wäßrig. Ca. 10–15 % aller geschlachteten Schweine zeigen heute PSE-Erscheinungen, womit allerdings nicht gesagt ist, daß leicht PSE-artiges Fleisch zu Schinkenfehlfabrikaten führen muß. In der Regel passiert nichts; in sehr seltenen Fällen kann aber auch einmal ein Fehlfabrikat entstehen.

Für Erfolg oder Mißerfolg bei der Schinkenherstellung ist es entscheidend, die Bedeutung des pH-Wertes und seinen Verlauf im Fleisch nach dem Schlachten zu kennen. Im schlachtfrischen Muskelfleisch liegt der pH-Wert bei ca. 7,0. Verläuft der pH-Wert normal, so sinkt er bei Schweinefleisch nach zwei Tagen auf ca. 5,7.

Von allergrößter Wichtigkeit ist für den Räucherfreund, daß er das Fleisch spätestens am dritten Tag nach der Schlachtung einpökelt bzw. in Lake legt, pH-Werte von ca. 5,5 sind geradezu ideal. Das Gesagte gilt für Schweinefleisch. Bei Rind- und Wildfleisch ist der ideale Pökelzeitpunkt nach dem Schlachten bzw. Erlegen erst nach drei Tagen erreicht. Dann hat das Fleisch einen pH-Wert von ca. 5,4. Bei Schweinefleisch ist nach 48 Stunden, bei Rind- und Wildfleisch nach 72 Stunden der günstigste maximale Fleischmilchsäuregehalt erreicht. Nach dieser Zeit sinkt er wieder langsam ab. Wird Schweine-, Rind- und Wildfleisch wesentlich später als angegeben nach dem Schlachten eingepökelt, so ist die Gefahr des Entstehens von Fehlfabrikaten groß. Ich selbst halte mich seit ca. 15 Jahren an diese Vorschriften, und ich hatte dabei noch nie einen Mißerfolg. Für den Schinkenfreund gibt es eine sehr billige Möglichkeit, den ungefähren pH-Wert des Fleisches zu bestimmen. Er kann sich in der Apotheke bzw. Drogerie Indikatorpapier kaufen und diese Teststreifen fest an den Fleischanschnitt pressen. Am Farbumschlag des Teststreifens ist dann feststellbar, welchen pH-Wert das Fleisch zum Meßzeitpunkt aufweist. Manche gewerbliche Schinkenräucherer bedienen sich eines elektrischen pH-Meters. Durch Einstecken einer Elektrode in das Muskelfleisch kann der pH-Wert direkt abgelesen werden. Dieses Gerät ist sehr teuer und daher für den Hobby-Räucherer uninteressant.

Sind Sie nun im Besitz von geeigneten, vom Verkaufsmetzger bereits schön klein und schinkengerecht zerlegten Fleischstücken, so kann die Weiterverarbeitung beginnen. Zunächst muß das Fleisch im Kühlschrank bei niedriger Temperatur gut durchgekühlt werden. Dies kann in der kalten Jahreszeit auch gut im Freien geschehen. Eine Durchkühldauer von mindestens sechs Stunden ist anzuraten. Danach werden die Schinkenstücke nach Vorschrift trocken- oder lakegepökelt (siehe Abschnitte Trocken- und Lakepökelung).

Anmerkung: Eine ganze Schweinekeule, den sogenannten Knochenschinken, zu räuchern, ist für Laien äußerst problematisch und daher nicht zu empfehlen. Die ganze Schweinekeule hat ein ungefähres Gewicht von ca. 12–13 kg. Das exakte Durchpökeln dieser großen Fleischmasse erfordert viel mehr Zeit und auch mehr Erfahrung. Die Zonen um den im Schinken verbleibenden Röhrenknochen sind besonders anfällig für die Bakterienentwicklung, da hier das Pökelsalz erst nach längerer Zeit für eine Durchpökelung sorgt. Aus genanntem Grunde rate ich von der Herstellung eines Knochenschinkens ab!

Der vom Verkaufsmetzger in seine Einzelteile zerlegte ganze Schlegel ist grundsätzlich das Ideal für den Hobbyräucherer. An Einzelstücken fallen Oberschale, Unterschale, Nuß und Hüfte (Schinkenspeckstück) an (siehe Abb.). Möchte man noch kleinere Schinkchen, so besteht die Möglichkeit, diese Einzelstücke zu Hause quer zur Fleischfaser noch einmal zu teilen.

10 Tips für die Rohschinkenräucherei

1. *Bei allen Arbeiten ist Hygiene oberstes Gebot.*
2. *Nur einwandfreies und gesundes Fleisch ist geeignet.*
3. *Schweinefleisch muß zum Pökelzeitpunkt ein bis zwei Tage, Rind- und Wildfleisch drei bis vier Tage alt sein!*
4. *Keule schon vom Verkaufsmetzger in kleine Schinkenstücke zerlegen lassen.*
5. *Fleisch vor dem Pökeln sechs Stunden durchkühlen.*
6. *Pökelsalzkonzentrationen bei Trocken- und Lakepökelung beachten.*
7. *Pökelzeiten exakt einhalten.*
8. *Schinken nach dem Trockenpökeln 14 Stunden nach Vorschrift wässern, anschließend warm abwaschen.*
9. *Pökelstücke ein bis zwei Tage luftig abtrocknen lassen (in fliegenfreiem Raum!).*
10. *Schinken alle ein bis zwei Tage einmal überräuchern, bis die gewünschte Rauchfarbe erreicht ist (ca. 10–15mal).*

Allgemeiner Hinweis: In ausgesprochen seltenen Fällen kann es auch unter Beachtung aller Vorschriften einmal vorkommen, daß ein Fehlfabrikat entsteht. Zu viele Faktoren, etwa bei Fleisch vor dem Schlachten besonders erregter wie auch brünstiger Tiere oder bei PSE-Fleisch, können die Ursache sein. Der Verfasser kann aus genannten Gründen keine Garantie für das Gelingen eines jeden Rezeptes geben.

Hast du 'nen Grund zum Trinken,
vergiß auch nicht den Schinken,
dazu ein gut' Stück Brot,
und alles ist im Lot

K.-F. Schmidt

Wacholderschinken (Trockenpökelung)

Was brauche ich?

Zutaten pro Kilogramm Fleisch:
50 g Pökelsalz
1 gestr. Teel. Zucker
4 geh. Teel. Wacholderbeeren

So wird's gemacht!

Wacholderbeeren zerstoßen und mit Zucker und Pökelsalz mischen. Fleischstücke von allen Seiten mit dieser Pökelmischung kräftig einreiben. Mit der Schwartenseite nach unten in ein Pökelgefäß legen, das abgedeckt in den kühlen Keller gestellt wird. Schinkenstücke 3 Wochen lang durchpökeln lassen. Innerhalb dieser Zeit Schinkenstücke alle 3–4 Tage umschichten (untere nach oben, obere nach unten!). Auch hier die Schwartenseite immer nach unten legen. Nach 3 Wochen die entstandene Eigenlake abschütten und die Schinkenstücke noch 3–4 Tage im Pökelgefäß liegen lassen. Schinkenstücke mit kaltem Wasser übergießen und 14 Stunden wässern (Minderung der Salzschärfe). Danach Schinken mit lauwarmem Wasser abwaschen. Schinken an Fleischhaken 1 Tag luftig abtrocknen lassen. Nach Vorschrift kalt räuchern. Bei jeder Räucherung 1 Teel. Wacholderbeeren auf das Sägemehl streuen.

Wacholderschinken (Lakepökelung)

Was brauche ich?

Zutaten für einen Liter Lake:
1 l Wasser
120 g Pökelsalz
1 gestr. Teel. Zucker
6 geh. Teel. Wacholderbeeren

So wird's gemacht!

Schinkenstücke in Pökelgefäß schichten. Pökelsalz und Zucker in Wasser auflösen. Wacholderbeeren zerstoßen und zur Lake geben. Mit der Lake die Schinken übergießen, so daß alle Stükke gut mit Lake bedeckt sind. Pökelgefäß mit Tuch oder sauberem Deckel abdecken und kühl stellen. Nach 14 Tagen Schinken aus der Lake nehmen und lauwarm abwaschen. An Fleischhaken aufhängen und 1 Tag luftig abtrocknen lassen. Schinken nach Anleitung räuchern. Pro Räucherung 1 Teel. Wacholderbeeren auf das Räuchermehl streuen.

Achtung: Bei Lakepökelung keine Wässerung!

Schwarzwälder Räucherbauch (Trockenpökelung)

Was brauche ich?

Zutaten pro Kilogramm Bauch:
50 g Pökelsalz
1 gestr. Teel. Zucker
½ Knoblauchzehe
4 geh. Teel. Wacholderbeeren
1 Teel. Korianderkörner

So wird's gemacht!

Die gesamten Zutaten zu einer Pökelmischung verrühren. Die vorgekühlten Bauchstücke kräftig von allen Seiten einreiben (besonders die Schwartenseite).Mit der Schwartenseite nach unten in den Pökelbehälter legen und abgedeckt in den kühlen Kellerraum stellen. Bauch 14 Tage durchpökeln lassen. Während dieser Zeit alle 3 Tage umschichten, dabei Schwartenseite immer nach unten! Ist die Pökelzeit beendet, muß die entstandene Eigenlake abgeschüttet werden. Die Bauchstücke bleiben noch 3–4 Tage trocken im Pökelbehälter liegen. Nun füllt man das Pökelgefäß mit kaltem Wasser und läßt den Schweinebauch exakt 12 Stunden im Wasser liegen. Anschließend herausnehmen, warm abwaschen und zum Trocknen aufhängen. Nach einem Tag beginnt das Kalträuchern, das täglich einmal durchzuführen ist. Schwarzwälder Räucherbauch wird kräftig dunkel geräuchert. Bei jeder Räucherung legt man 1 bis 2 Tannenzapfen bzw. Fichtenzapfen mit auf das Räuchermehl.

Hinweis: Schwarzwälder Räucherbauch kann auch mit der Lakepökelung hergestellt werden. In diesem Falle genügt eine Pökeldauer von 1 Woche. Die sonstige Herstellungstechnik entspricht der des lakegepökelten Wacholder- und Kümmelschinkens. Zutaten für 1 Liter Lake: 1 l Wasser, 120 g Pökelsalz, 1 gestr. Teel. Zucker, 4 geh. Teel. Wacholderbeeren, ½ Knoblauchzehe, 1 Teel. Korianderkörner.

Tust du schöne Schinken schenken,
der Beschenkte wird dran denken.
K.-F. Schmidt

Knoblauchschinken (Trockenpökelung)

Was brauche ich?

Zutaten pro Kilogramm Fleisch:
50 g Pökelsalz
1 gestr. Teel. Zucker
2 Knoblauchzehen (kleingehackt)

So wird's gemacht!

Sämtliche Zutaten vermengen und die gekühlten Schinkenstücke kräftig von allen Seiten einreiben. Mit der Schwartenseite nach unten in Pökelbehälter packen. Gefäß abdecken und kühl stellen. Alle 3–4 Tage umschichten (Schwartenseite nach unten!). Nach 3 Wochen Lake abschütten, 4 Tage trocken liegen lassen. Schinken mit kaltem Wasser übergießen und 14 Stunden wässern. Herausnehmen, lauwarm abwaschen und zum Trocknen aufhängen. Nach 1 Tag mit dem Räuchern beginnen. Auf das Räuchermehl gibt man pro Räucherung einige Zweiglein von Fichte oder ein paar trokkene Tannen- bzw. Fichtenzapfen. Der Schinken wird so oft geräuchert, bis die gewünschte Rauchfarbe erreicht ist.

Hinweis: Der Knoblauchschinken kann auch lakegepökelt werden. Die Pökeldauer verkürzt sich dadurch auf 14 Tage. Die Herstellungstechnik entspricht der von lakegepökeltem Wacholder- oder Kümmelschinken. Zutaten für 1 Liter Lake: 1 l Wasser, 120 g Pökelsalz, 1 gestr. Teel. Zucker, 2 kleingehackte Knoblauchzehen.

Pfefferschinken (Trockenpökelung)

Was brauche ich?

Zutaten pro Kilogramm Fleisch:
50 g Pökelsalz
1 gestr. Teel. Zucker
1/3 gehackte Knoblauchzehe
1 geh. Teel. geschroteter schwarzer Pfeffer
1 geh. Teel. geschroteter weißer Pfeffer
1 Lorbeerblatt

So wird's gemacht!

Alle Zutaten mischen und Schinkenstücke von allen Seiten gleichmäßig einreiben. Mit der Schwartenseite nach unten in ein Pökelgefäß legen, abdekken und kühlstellen. Drei Wochen pökeln lassen, zwischenzeitlich alle 3–4 Tage umschichten. Dann Lake abgießen und Schinken noch 3–4 Tage trokken liegenlassen. Nach der Zugabe von kaltem Wasser bleiben die Schinken 14 Stunden im Wasser. Herausnehmen, lauwarm abwaschen, mit sauberem Tuch vortrocknen. Danach mit einer Mischung aus gemahlenem weißen und schwarzen Pfeffer bestreuen. Nach der obligatorischen Abtrocknungszeit von einem Tag sind die Schinken im Kaltrauch zu räuchern. Auf das Sägemehl kommt pro Räucherung 1 Teel. schwarzer Pfeffer.

Kümmelschinken (Lakepökelung)

Was brauche ich?

Zutaten für einen Liter Lake:
1 l Wasser
120 g Pökelsalz
1 gestr. Teel. Zucker
2 geh. Teel. ganzer Kümmel

So wird's gemacht!

Durchgekühlte Schinkenstücke in das Pökelgefäß geben. Pökelsalz und Zukker im Wasser auflösen, Kümmel zur Lake schütten. Soviel Lake über die Schinken gießen, daß alle Schinken gut bedeckt sind. Pökelgefäß zugedeckt in einen geeigneten Pökelraum stellen. Nach 14 Tagen Schinken herausnehmen, warm abwaschen und 1 Tag lufttrocknen lassen. Anschließend täglich einmal im Kaltrauch räuchern. Auf das Räuchermehl gibt man bei jeder Räucherung 1 Teel. Kümmel.

Kümmelschinken (Trockenpökelung)

Was brauche ich?

Zutaten pro Kilogramm Fleisch:
50 g Pökelsalz

So wird's gemacht!

Die gesamten Zutaten vermischen. Die gut vorgekühlten Stücke gleichmäßig

1 gestr. Teel. Zucker
1 geh. Teel. ganzer Kümmel

von allen Seiten einreiben, besonders die Schwartenseiten. Mit der Schwarte nach unten in sauberes Pökelgefäß schichten. Pökelbehälter abdecken und im Pökelraum durchpökeln lassen. Alle 3–4 Tage Schinken umschichten. Dabei muß die Schwartenseite immer unten liegen. Nach 3 Wochen entstandene Eigenlake abschütten, Schinken noch 3–4 Tage ruhen lassen. Danach Pökelbehälter mit Wasser füllen und die Schinken 14 Stunden wässern lassen. Aus dem Wasser nehmen, lauwarm abwaschen, aufhängen und abtrocknen lassen. Pro Tag einmal im Kaltrauch überräuchern. Etwas Kümmel auf das Sägemehl gestreut, rundet den Geschmack zusätzlich ab.

Korianderschinken (Lakepökelung)

Was brauche ich?

Zutaten für einen Liter Lake:
1 l Wasser
120 g Pökelsalz
1 gestr. Teel. Zucker
2 geh. Teel. ganzer Koriander

So wird's gemacht!

Gekühlte Schinkenstücke in das Pökelgefäß schichten. Alle Zutaten in das Wasser geben und Pökelsalz sowie Zucker auflösen. Lake aufgießen, bis die Schinken bedeckt sind. Pökelgefäß bedecken und kühlstellen. Nach 14 Tagen Schinken aus der Lake nehmen und warm abwaschen. Nach einer Abtrocknungszeit von 1 Tag nach Vorschrift kalträuchern. Auf das Räuchermehl bei jeder Räucherung einen Teel. Korianderkörner geben.

Hinweis: Korianderschinken kann auch trockengepökelt werden. Zutaten pro Kilogramm Fleisch: 50 g Pökelsalz, ½ gestr. Teel. Zucker, 2 geh. Teel. ganze Korianderkörner.

Nußschinken (Lakepökelung)

Was brauche ich?

Zutaten für einen Liter Lake:
1 l Wasser
120 g Pökelsalz
1 gestr. Teel. Zucker

So wird's gemacht!

Die vom Metzger zurechtgeschnittenen Nuß- oder Mausstücke aus der Schweinekeule werden in Lake eingelegt und 2 Wochen nach Vorschrift durchgepökelt. Danach, wie bei der Lakepökelung erforderlich, weiterbehandeln. Räucherung im Kaltrauch, bis die gewünschte Rauchfarbe entstanden ist.

Gewürzschinken (Lakepökelung)

Was brauche ich?

Zutaten pro Liter Lake:
0,8 l Wasser
120 g Pökelsalz
1 gestr. Teel. Zucker
100 ml Rotwein
3 Teel. Maggi
1 geh. Teel. Wacholderbeeren
1 Lorbeerblatt
½ Knoblauchzehe

So wird's gemacht!

Die Technik entspricht den übrigen Lakepökel-Rezepten. Beim Räuchern werden bei jeder Räucherung einige Tannennadeln zugegeben.

Schwarzwälder Schinken (Lakepökelung)

Was brauche ich?

Zutaten für einen Liter Lake:
1 l Wasser
120 g Pökelsalz
1 gestr. Teel. Zucker
½ zerhackte Knoblauchzehe
2 Lorbeerblätter
1 Teel. Koriander

So wird's gemacht!

Die Herstellungstechnik ist identisch mit anderen Lakepökel-Rezepten. Geräuchert wird mit Fichten- oder Tannensägemehl, auf das zusätzlich noch bei jeder Räucherung 1–2 Tannen- oder Fichtenzapfen gelegt werden. Schwarzwälder Schinken wird kräftig dunkel geräuchert.

Hinweis: Trockenpökelung auch hier möglich. Die Technik entspricht den übrigen Trockenpökelrezepten. Zutaten pro Kilogramm Fleisch: 50 g Pökelsalz, ½ gestr. Teel. Zucker, Koriander, Lorbeerblätter und Knoblauch in der gleichen Menge wie bei Lakepökelung.

Kammschinken (Lakepökelung)

Was brauche ich?

Zutaten pro Liter Lake:
1 l Wasser
120 g Pökelsalz
1 gestr. Teel. Zucker
1 Teel. weißer ganzer Pfeffer
1 Teel. Wacholderbeeren

So wird's gemacht!

Ausgelöste Schweinekamm(Hals)-Stücke in Gefäß legen. Lake bereiten und soviel Lake zuschütten, daß die Kammstücke ganz bedeckt sind. Pökelgefäß kühlstellen, nur 2 Wochen pökeln. Schinken aus der Lake nehmen und am Fleischhaken 2 Tage abtrocknen lassen. Im Kaltrauch überräuchern, bis die gewünschte Rauchfarbe erreicht ist. Das Miträuchern von Zwiebelschalen bringt ein exzellentes Aroma.

Lachsschinken (Trockenpökelung)

Was brauche ich?

Zutaten pro Kilogramm Fleisch:
50 g Pökelsalz
1 gestr. Teel. Zucker
½ Knoblauchzehe

So wird's gemacht!

Schweinerückenstück auslösen und das Fleisch in 1-kg-Stücke schneiden. Nach allgemeiner Anleitung weiterbehandeln. Pökelzeit 10 Tage.

Hinweis: Lachsschinken kann auch lakegepökelt werden. Die Pökelzeit verringert sich dann auf 1 Woche.

Rinderschinken (Trockenpökelung)

Was brauche ich?

Zutaten pro Kilogramm Fleisch:
50 g Pökelsalz
1 gestr. Teel. Zucker
1 Teel. Wacholder

So wird's gemacht!

Stücke aus der Unterschale vom Rind (auch Frikandeaurollen) mit der Pökelmischung einreiben und 3 Wochen durchpökeln lassen. Dann nach Vorschrift 14 Stunden wässern, abtrocknen lassen und im Kaltrauch alle 2 Tage überräuchern (ca. 7- bis 10mal).

Hirtenschinken (Trockenpökelung)

Was brauche ich?

Zutaten pro Kilogramm Fleisch:
50 g Pökelsalz
1 gestr. Teel. Zucker
½ kleingehackte Knoblauchzehe

So wird's gemacht!

Die in kleine Schinkenstücke zurechtgeschnittenen Keulen älterer Schafe mit der Pökelmischung einreiben und drei Wochen nach Vorschrift pökeln. 10 Stunden wässern, abtrocknen lassen und im Kaltrauch ca. 10mal überräuchern.

Rollschinken (Trockenpökelung)

Was brauche ich?

Zutaten pro Kilogramm Fleisch:
50 g Pökelsalz
1 gestr. Teel. Zucker
1 Teel. ganze Korianderkörner
1 Teel. Pimentkörner
½ Lorbeerblatt

So wird's gemacht!

Entweder einen bereits fertig geschnürten Schweinerollbraten aus dem Angebot kaufen, oder eine ganze Schweineschulter (Bug) vom Metzger auslösen und rollen lassen (notfalls kann man das auch selbst). Gerollten Schinken nach Anleitung weiterbehandeln. Die Pökeldauer ist abhängig vom Gewicht des Rollschinkens. Pro Kilogramm Fleisch muß 1 Woche Trockenpökelzeit gerechnet werden.

Hinweis: Rollschinken kann auch lakegepökelt werden.

Winzerschinken (Trockenpökelung)

Was brauche ich?

Zutaten für 1 Kilogramm Fleisch:
50 g Pökelsalz
1 gestr. Teel. Zucker
½ zerhackte Knoblauchzehe
1 Teel. Koriander

So wird's gemacht!

Schinkenstücke 3 Wochen pökeln lassen. Eigenlake abschütten und die Stücke noch 4 Tage trocken im Pökelbehälter liegen lassen. Behälter mit kaltem Wasser füllen und 14 Stunden wässern. Schinken herausnehmen und warm abwaschen. Luftig abtrocknen lassen und nach Anleitung räuchern. An Räuchermaterialien nimmt man Buchensägemehl, auf das bei jeder Räucherung etwas trockenes Rebholz kommt oder getrocknete Rebenblätter gelegt werden.

Hinweis: Winzerschinken kann auch lakegepökelt werden. Die Pökelzeit verringert sich dann auf 14 Tage. Ein Wässern ist nicht erforderlich.

Kochschinken

Wichtige Hinweise

Auch die Kochschinkenherstellung ist bei Beachtung der folgenden Hinweise vom Schinkenfreund schnell und problemlos zu bewältigen. Sie ist sogar, was die hygienischen Voraussetzungen betrifft, weit weniger anspruchsvoll, weil der Kochschinken, im Gegensatz zu Rohschinken, gekocht, also hitzebehandelt wird. Durch diese Hitzeeinwirkung wird ein Teil der Mikroben vernichtet. Bei Kochschinken wird man sich natürlich nicht gleich einen ganzen Schlegel vorbereiten lassen, sondern nur relativ kleine Fleischmengen von ca. 2–3 kg dafür vorsehen. Kochschinken ist eine Frischware, die entweder bald verbraucht oder eingefroren werden muß. Zweckmäßigerweise läßt man sich vom Metzger einen Schweinebug (Schulter) auslösen oder kauft ein Teilstück vom Schlegel (Oberschale, Unterschale, Nuß- oder Schinkenspeckstück (Hüftstück). Je frischer das zur Kochschinkenherstellung vorgesehene Fleisch ist, desto besser. Noch am Schlachttag wäre der ideale Zeitpunkt für die bei der Kochschinkenmacherei übliche Spritz- und Lakepökelung. Je früher nach dem Schlachtzeitpunkt gepökelt wird, desto höher liegt noch der pH-Wert (Säuregrad im Fleisch), und desto besser ist die Wasserbindung im Fleisch (eine gute Wasserbindung ergibt einen saftigen und wohlschmeckenden Kochschinken). Bestimmt ist es aber für den Schinkenfreund nicht immer möglich, solch schlachtfrisches Fleisch zu bekommen. Die Verarbeitung von 1–2 Tage altem Fleisch ist auch noch möglich. Schlachtfrisches Fleisch entspricht nur dem Idealzustand. Die Kochschinkenherstellung ist das ganze Jahr über möglich, also auch in den warmen Sommermonaten. Die Schwarten können wie bei der Rohschinkenmacherei am Fleisch bleiben.

Für die Pökelung des Kochschinkens gibt es zwei Möglichkeiten, die wiederum abhängig sind von den jeweiligen individuellen Gegebenheiten und Wünschen. Man unterscheidet die langsame Lakepökelung und die viel weniger Zeit beanspruchende Schnell- oder Spritzpökelung.

Zuerst die langsame Lakepökelung. Hier werden Fleischstücke eine Woche lang in eine 10gewichtsprozentige Pökelsalzlake eingelegt. (100 Gramm Pökelsalz in einem Liter Wasser auflösen!). Die erforderlichen Voraussetzungen im Pökelraum sind nicht so streng wie bei der Rohschinkenpökelung. Im Sommer kann die Kochschinkenpökelung auch gut im Kühlschrank durchgeführt werden, wenn die Raumtemperaturen im Keller zu hoch liegen. Ist die Pökelzeit um, werden die lappigen Bug- oder Schweineschulterstücke gerollt, mit Hanfgarn fest umwickelt und fest verschnürt. Jetzt stellt man die Schinkenrolle in eine Kochschinkendose (siehe Abb.) und füllt bis 5 cm unter den Rand mit Wasser auf. Nach Auflegen des Dosendeckels und Aufspannen der Spannfeder sowie dem Eindrücken des Gummistopfens auf der Deckelmitte ist die Vorbereitung des Kochschinkens abgeschlossen. Nun stellt man die Schinkenkochdose 15 Minuten in sprudelndes Wasser, läßt dann die Temperatur auf 80 °C zurückgehen und läßt den Kochschinken bei 80 °C je nach Gewicht mehr oder weniger lange ziehen. Folgende Kochzeiten können als Richtwerte dienen:

Kochschinken

Schinken von 2 kg Gewicht 2¼ Stunden
Schinken von 3 kg Gewicht 2¾ Stunden
Schinken von 4 kg Gewicht 3¼ Stunden

Ist die Kochzeit beendet, ist die Schinkenkochdose mit Inhalt 3–4 Stunden lang in kaltem Wasser abzukühlen (im Winter auch im Freien). Danach kommt sie noch 1 Tag in den Kühlschrank, bevor der Kochschinken angeschnitten wird.

Bei der Spritzpökelung (Schnellpökelung) dauert der Pökelprozeß nur 2 Tage, weil mit Hilfe einer Handpökelspritze (siehe Abb.) die Lake in den Schinken eingespritzt wird. Die Schinken werden zudem noch 2 Tage in eine Lake gelegt. Sie pökeln somit gleichzeitig von innen nach außen und umgekehrt.

Wie ist genau zu verfahren? Zuerst stellt man eine 10gewichtsprozentige Pökelsalzlösung (Lake) her (1 Liter Wasser und 100 Gramm Pökelsalz). Dann nimmt man die Handpökelspritze, setzt sie nach Vorschrift zusammen (Gebrauchsanweisung beachten!) und legt den Ansaugschlauch in den Lakebehälter (z. B. Litergefäß). Nun wird so lange gepumpt, bis an den seitlichen Öffnungen der Spritznadel keine Luft mehr, sondern nur noch Lake austritt. Jetzt sticht man in Abständen von 5 cm quer zur Fleischfaser in das Fleisch ein und spritzt mit geringem Druck Lake ein. Dabei ist die Spritznadel langsam wieder zurückzuziehen, um ein möglichst gleichmäßiges Verteilen der Lake im Fleisch zu erzielen. Bei zu starkem Druck zerreißt die Fleischfaser. Es ist darauf zu achten, daß ungefähr 20 % Lake (vom Fleischgewicht berechnet) eingespritzt werden.

Beispiel: Wiegt das Schinkenstück 2 kg, so sind ca. 400 ml Lake gleichmäßig im Fleischstück zu verteilen. Am besten verfährt der Schinkenfreund so, daß er das Fleischgewicht durch Wiegen feststellt und dann die benötigte Lakemenge herstellt. Jetzt wird die Lake in das Fleisch eingespritzt. Eine Über- oder Unterdosierung ist somit ausgeschlossen. Anschließend kommen die gespritzten Schinkenstücke noch 2 Tage in eine 10prozentige Lake. Schließlich werden sie gerollt, festgeschnürt und, wie bei der langsamen Pökelung beschrieben, mit der Schinkenkochdose nach Vorschrift gekocht.

Tips:
1. *Die 5 Liter fassende Schinkenkochdose paßt in jeden großen Sterilisiertopf mit oder ohne Elektroheizung.*
2. *Kochschinken schmeckt noch besser, wenn er nach dem Pökeln und vor dem Kochen im selbstgebauten Heißrauchofen (siehe Abb.) noch 20 Minuten überräuchert wird. Er erhält dann ein mildes Raucharoma – oder einen Hauch von Rauch.*

Bezugshinweis: Schinkenkochdose, Hanfgarn und Handpökelspritze können von der Fa. H. Salm, Durlacher Allee 55, 7500 Karlsruhe 1, bezogen werden. Preise: Schinkenkochdose ca. 60,– DM; Handpökelspritze ca. 100,– DM.

10 Tips für die Kochschinkenräucherei

1. *Möglichst nur 1–2 Tage altes Fleisch verarbeiten.*
2. *Nur kleine Mengen herstellen.*
3. *Nur Schweineschulter (Bug) oder Schlegel (Keule) verwenden.*
4. *Schwarten am Fleisch belassen.*
5. *Kochschinken möglichst Spritzpökeln (nur 2 Tage Pökelzeit!)*
6. *Eine 10gewichtsprozentige Lake ist ausreichend (100 Gramm Pökelsalz in einem Liter Wasser auflösen!)*
7. *Ein 20minütiges Heißräuchern verbessert das Aroma (vorher trocknen!)*
8. *Fleischstücke rollen und binden.*
9. *Kochschinken in der Dose bei 80 °C garen.*
10. *Kochschinkendose 3–4 Stunden in kaltem Wasser abkühlen, dann noch 1 Tag im Kühlschrank nachkühlen.*

Hinweis: Zur besseren Verbindung der gerollten lappigen Fleischteile, wie z. B. Schweineschulter, kann auf das Fleisch vor dem Zusammenrollen etwas gemahlene Gelatine gestreut werden. Beim Aufschneiden der Schinken fallen dann die Scheiben nicht auseinander. Bei Teilstücken aus der Keule ist dies nicht nötig, da diese nicht so flächig sind.

Hausmacher-Roll-Kochschinken (Lakepökelung)

Was brauche ich?

Zutaten für einen Liter Lake:
1 l Wasser
100 g Pökelsalz
1 Teel. Zucker
1 Teel. Glutamat (im Gewürzbord des Lebensmittelgeschäftes!)

So wird's gemacht!

Lappige Stücke von der Schweineschulter, aus denen der Metzger die Knochen herausgeschnitten hat, in den Pökelbehälter legen und mit der Aufgußlake bedecken. Nach 1 Woche Pökelzeit in kühlem Raum (im Sommer auch Kühlschrank!) Schulter herausnehmen und ½ Tag am Fleischhaken abtrocknen lassen. Bei Wunsch 20 Minuten im Heißrauch überräuchern. Dann zusammenrollen, mit Hanfgarn oder Wurstgarn fest umwickeln und verschnüren. Die gerollten Kochschinken in die Schinkenkochdose einschieben und mit einer 3gewichtsprozentigen Salzlake den Zwischenraum zwischen Schinken und Dosenwand bis 5 cm unter den Dosenrand auffüllen. Dose nach allgemeiner Anleitung verschließen und kochen.

Hinweis: Hausmacher-Roll-Kochschinken kann auch sehr gut mit der Spritzpökelung hergestellt werden. Zu diesem Zweck werden die ausgelösten lappigen Bugstücke mittels Handpökelspritze gespritzt und noch 2 Tage in die gleichprozentige Lake eingelegt. Dann nach Vorschrift weiterbehandeln.

Achtung: Es können auch Teile der Schweinekeule für Rollschinken hergerichtet werden.

Gewürz-Kochschinken (Lakepökelung)

Was brauche ich?

Zutaten für einen Liter Lake:
1 l Wasser
100 g Pökelsalz
1 Teel. Zucker
2 Eßl. Rotwein
1 Teel. Maggi
½ Teel. Wacholderbeeren
2 Nelkenköpfe
⅓ Lorbeerblatt
¼ Knoblauchzehe (zerhackt)
½ Teel. Glutamat

So wird's gemacht!

Alle Zutaten zu einer Pökellake vereinen. Schinkenstücke aus der Schulter oder vom Schlegel in diese Lake legen und 1 Woche pökeln lassen. Aus der Lake nehmen und ½ Tag abtrocknen lassen. Rollen und verschnüren und nach Anleitung in der Kochdose abkochen. In kaltem Wasser die Dose auskühlen lassen und den Kochschinken erst am nächsten Tag aus der Dose nehmen. Abtrocknen lassen und im Kaltrauch 1–2mal überräuchern.

Hinweis: Diese Pökellake eignet sich auch gut für die Pökelung von Rinder- oder Ochsenbrüsten.

Kalbsrauchschinken (Lakepökelung)

Was brauche ich?

Zutaten für einen Liter Lake:
½ l Wasser

So wird's gemacht!

Stücke aus der Kalbskeule in die hergestellte Lake einlegen und 7 Tage pö-

Oben: Roll-Kochschinken und Kasseler Rippenspeer sowie verschiedene Rohschinken. Unten: Diverse Rohkasseler-Erzeugnisse mit und ohne Knochen; oben und unten aus Hals (Kamm), mittlere Reihe aus dem Rippenspeer (Photos: Van Hees, Walluf/Rheingau)

100 g Pökelsalz
1 Teel. Zucker
1 Teel. Glutamat

keln lassen. Herausnehmen, abtrocknen lassen und 20 Minuten im Heißrauch räuchern. Rollen, verschnüren und in der Schinkenkochdose nach allgemeiner Anleitung garen. Dose in kaltem Wasser mehrere Stunden auskühlen lassen, anschließend noch 1 Tag im Kühlschrank ruhen lassen.

Hinweis: Kalbsrauchschinken kann auch spritzgepökelt werden (siehe allgemeine Anleitung Spritzpökelung).

Heißgegarter Landrauchschinken (Lakepökelung)

Was brauche ich?

Zutaten pro Liter Lake:
1 l Wasser
100 g Pökelsalz
1 Teel. Zucker
1 Teel. flüssige Wacholderwürze
1 Teel. flüssige Knoblauchwürze
½ Teel. Glutamat

So wird's gemacht!

Schinkenstücke 7 Tage in der Lake pökeln lassen. Nach der Pökelzeit aus der Lake nehmen und ½ Tag am Fleischhaken luftig abtrocknen. Dann im Heißrauch 20 Minuten goldgelb räuchern. Anschließend in 80 °C heißes Wasser legen und pro Kilogramm Schinkengewicht ca. 90 Minuten ziehen lassen. Herausnehmen und an der Luft erkalten lassen.

Heißgegarter Rinderschinken (Lakepökelung)

Was brauche ich?

Zutaten pro Liter Lake:
1 l Wasser
100 g Pökelsalz
1 Schuß Maggi
1 Teel. Wacholderbeeren
1 Teel. Glutamat

So wird's gemacht!

Stücke von der Unterschale (Frikandeau) vom Rind werden in die zubereitete Lake eingelegt und 7 Tage zum Pökeln liegen gelassen. Schinkenstükke pro Kilogramm 90 Minuten bei 80 °C garen lassen. Gegarte Stücke auskühlen lassen und im Kaltrauch goldgelb räuchern.

Der Jäger ist ein Schlauer,
liegt öfter auf der Lauer.
Auch hält er was vom Trinken,
ißt gern dazu 'nen Schinken
K.-F. Schmidt

Wildschinkenraritäten

Wichtige Hinweise

Geräucherte Wildschinken gehören zu den edelsten und ausgefallensten Genüssen. Ihre Herstellung war bisher nur „alten Hasen" möglich, die das nötige Wissen um das Schinkenräuchern beherrschten. Ein Ziel von mir ist, den Kreis dieser „Eingeweihten" etwas zu vergrößern, insbesondere bei den Waidmännern. Sind sie es doch, die am ersten an das edle Wildbret herankommen. Der Verfasser möchte aber auch alle anderen Individualisten erreichen und sie ermutigen, es doch einmal mit dieser oder jener Wildschinkenspezialität zu versuchen, z. B. mit einem Hirsch-, Reh- oder Wildschweinschinken. Der Erfolg wird bei Beachtung der Technologie nicht ausbleiben. Viel Spaß macht es, wenn der mit viel Liebe geräucherte Wildschinken endlich angeschnitten werden kann.

Für die Verarbeitung von Wildbret zu Schinken gilt ein unumstößlicher Grundsatz, der da lautet: Das Wildbret darf zum Pökelzeitpunkt nur 3–4 Tage alt sein. Zu diesem Zeitpunkt hat es, wie schon an anderer Stelle erwähnt, den maximalen Säuregrad und damit niedrigsten pH-Wert. Ein pH-Wert zwischen 5,4 und 5,8 ist erforderlich, damit haltbare Wildschinken entstehen können. Ist das Wildbret älter, ist grundsätzlich von der Schinkenherstellung abzuraten. Der pH-Wert liegt dann wieder höher, gleichzeitig sinkt der Fleischmilchsäuregehalt ab.

Für die Wildschinkenbereitung empfehle ich, die Keulen in 1- bis 2-kg-Stücke zu zerlegen und zu enthäuten. Nach dem Zerlegen müssen die Wildbretstücke gut durchgekühlt werden. Für das Pökeln von Wildkeulen kann sowohl die Lakepökelung als auch die Trockenpökelung gewählt werden. Die Spritzpökelung ist für die Wildschinkenproduktion sowie für die übrige Rohschinkenmacherei nicht anwendbar. Die Lakepökelung hat bei Wildschinken den Vorteil, daß sie dem ohnehin trockenen Wildbret etwas Wasser zuführt. Das spätere Austrocknen des Schinkens wird dadurch verlangsamt. Zur Lakebereitung setzt man eine 12gewichtsprozentige Pökellake an (120 g Pökelsalz auf einen Liter Wasser). Zu dieser Lake kommen noch etwas Zucker und verschiedene Gewürze. Die Wildkeulenstücke sind in eine saubere Schüssel oder einen Pökelbottich zu legen und werden dann mit Lake übergossen, bis sie von ihr mehrere Zentimeter bedeckt sind. Die allgemeinen sowie hygienischen Voraussetzungen, die im Abschnitt Hygiene und Lakepökelung beschrieben sind, gelten auch bei der Wildschinkenräucherei. Nach ca. 10 Tagen kann das gepökelte Wildbret aus der Lake genommen, warm abgewaschen und zum Trocknen aufgehängt werden. Ein fliegenfreier, luftiger Raum ist ideal. Nach einem Tag wird das Wildbret dann kaltgeräuchert (siehe Abschnitt Kalträuchern). Hartholzsägemehl von Buche und Eiche, vermengt mit Wacholderbeeren und einigen aufgelegten Tannen- oder Kiefernzapfen, ergeben einen hocharomatischen Rauch. Erfahrene alte „Räucherer" verwenden manchmal bei der Wildschinkenräucherung auch Sägemehl von Akazien, was einen beliebten, herben Rauchgeschmack ergibt. Weiden- und Erlensägemehl sind auch gut brauchbar und erzeugen arteigenen Rauchgeschmack. Mischungen der genannten Sägemehlarten ergeben neue unbekannte, aber sicher interessante Geschmacksvarianten. Der eigenen Phantasie und Experimentierfreudigkeit ist ein weites Betätigungsfeld geboten. Das Räucherhobby wird durch diese mannigfaltigen Möglichkeiten besonders viel Freude bringen.

Außer der Lakepökelung kann die Trockenpökelung zu guten Ergebnissen führen. Sie ist eine mindestens gleichwertige Pökelart, wobei gesagt werden muß, daß das ohnehin schon etwas trockene Wildbret durch die Trockenpökelung noch mehr Wasser verliert und der Schinken schließlich etwas dröge wird. Dies macht den Schinken sehr haltbar, andererseits sind die Pökelverluste etwas höher als bei der Lakepökelung. Wird die Trockenpökelung gewählt, gelten die allgemeinen Bedingungen und Vorschriften, wie sie im Kapitel Trockenpökelung erklärt wurden.

Tip: Wildschinken können nach abgeschlossener Räucherung auf Wunsch in Portionen geschnitten und eingefroren werden. Durch diese Maßnahme sind die Trocken- und damit die Gewichtsverluste niedrig zu halten.

Die Wildschinkenräucherei in Kürze

1. *Nur 3–4 Tage altes Wildbret zu Schinken verarbeiten.*
2. *Nie blutunterlaufene oder zerschossene Keulen einpökeln (Fehlfabrikate!).*
3. *Keulen immer zerlegen (Ausnahme bei Reh und Dachs) und enthäuten.*
4. *Bei allen Arbeiten auf Hygiene achten.*
5. *Pökelsalzkonzentrationen und Pökelzeiten einhalten.*

6. *Im Kaltrauch pro Tag nur einmal überräuchern. Buchen-, Eichen-, Akazien- und Erlensägemehl bevorzugen.*
7. *Zum Schinkenräuchern ist das Fleisch des gesamten inländischen Schalenwildes geeignet.*
8. *Nie Wildbret von zu jungem Wild (z. B. Kitz oder Frischling) räuchern.*
9. *Dachsschinken ist eine neue Alternative (Fleisch aber auf Trichinen untersuchen lassen!).*
10. *Das Einfrieren des geräucherten Schinkens vermindert die Trockenverluste.*

Wildschweinschinken (Lakepökelung)

Was brauche ich?

Zutaten pro Liter Lake:
1 l Wasser
120 g Pökelsalz
1 Teel. Trauben- oder Haushaltszucker
2 Teel. Wacholderbeeren
1 Teel. Koriander
½ zerhackte Knoblauchzehe

So wird's gemacht!

Zurechtgeschnittene Stücke aus der Wildschweinkeule mit der hergestellten Gewürzlake bedecken und 14 Tage durchpökeln lassen. Herausnehmen und lauwarm abwaschen. Am Fleischhaken 2 Tage luftig trocknen lassen und nach allgemeiner Anleitung im Kaltrauch ca. 10 mal überräuchern. Geräuchert wird mit Hartholzsägemehl. Auf das Sägemehl legt man bei jeder Räucherung noch einige Tannennadeln oder Tannenzapfen.

Hinweis: Wildschweinschinken kann bei Wunsch auch trockengepökelt werden. In diesem Falle reduziert sich die Pökelsalzmenge auf 50 g Pökelsalz pro Kilogramm Fleisch. Die übrigen Gewürze pro Kilogramm Fleisch entsprechen diesem Rezept. Die Herstellungstechnik ist identisch mit der des trockengepökelten Hirschschinkens.

Hirschschinken (Lakepökelung)

Was brauche ich?

Zutaten pro Liter Lake:
1 l Wasser
120 g Pökelsalz
1 gestr. Teel. Traubenzucker (oder Haushaltszucker)
4 geh. Teel. Wacholderbeeren
⅓ zerhackte Knoblauchzehe

So wird's gemacht!

Zerlegte und enthäutete ca. 1,5–2 kg schwere Hirschkeulenstücke in Pökelgefäß legen und mit der Aufgußlake überdecken. In kühlem Raum 14 Tage pökeln lassen. Aus der Lake nehmen und warm abwaschen und am Fleischhaken 1 Tag luftig abtrocknen lassen.

Im Kaltrauch nach Vorschrift ca. 10mal überräuchern. Geräuchert wird mit Buchen- oder Eichensägemehl, auf das kleine Fichtenzweigchen aufgelegt werden. Werden noch einige getrocknete Maronenröhrlinge mitgeräuchert, so ergibt dies ein extravagantes Aroma.

Hirschschinken (Trockenpökelung)

Was brauche ich?

Zutaten pro Kilogramm Wildbret:
50 g Pökelsalz
1 gestr. Teel. Zucker oder Traubenzucker
3 geh. Teel. zerstoßene Wacholderbeeren
1/3 zerhackte Knoblauchzehe

So wird's gemacht!

Die Wildbretstücke aus der Keule werden mit der hergestellten Pökelmischung von allen Seiten gleichmäßig fest eingerieben, in ein Pökelgefäß gelegt und 3 Wochen an einen kühlen Ort gestellt. Nach jeweils 3–4 Tagen werden die Schinken umgeschichtet (untere nach oben und umgekehrt). Ist die Pökelzeit beendet, gießt man die evtl. entstandene Eigenlake ab, bedeckt die Schinken mit kaltem Wasser und läßt sie 12 Stunden wässern. Anschließend warm abwaschen und am Fleischhaken luftig abtrocknen lassen. Räuchern wie bei Lakepökelung im vorstehenden Rezept angegeben.

Dachsschinken (Lakepökelung)

Was brauche ich?

Zutaten pro Liter Lake:
1 l Wasser
120 g Pökelsalz
½ Teel. Zucker
½ zerhackte kleine Knoblauchzehe
3 geh. Teel. Wacholderbeeren

So wird's gemacht!

Hinterkeulen auslösen und von anhaftendem Feist befreien und über Nacht in stilles oder kohlensäurehaltiges Mineralwasser einlegen. Keulenstücke aus dem Wasser nehmen und in einen Pökelbehälter (Schüssel) legen. Lake herstellen und damit Keulen bedecken. 7 Tage durchpökeln lassen. Pökelstükke aus der Lake nehmen, luftig abtrocknen und evtl. rollen und binden, dann warm abwaschen. Im Kaltrauch mehrmals mit Buchensägemehl räuchern, auf das noch jeweils 1 Teel. Wacholder gestreut wird.

Achtung! Bevor Dachsschinken gemacht werden kann, muß Meister Grimmbart auf Trichinen untersucht werden.

Rehschinken (Lakepökelung)

Was brauche ich?

Zutaten pro Liter Lake:
1 l Wasser
120 g Pökelsalz
1 gestr. Teel. Trauben- oder Haushaltszucker
4 Teel. Wacholderbeeren (zerhackt)
½ Lorbeerblatt (zerrieben)

So wird's gemacht!

Rehkeule enthäuten und den Knochen auslösen. Die knochenlose Rehkeule in ein Pökelgefäß legen, mit Lake bedecken und 14 Tage pökeln lassen. Herausnehmen, abtupfen, zusammenrollen und fest verschnüren, lauwarm abwaschen und 1 Tag luftig abtrocknen lassen. Geräuchert wird mit einer Mischung aus Buchen- und Tannen- bzw. Fichtensägemehl, auf die bei jeder Räucherung noch 1–2 Kiefern- oder einige Lärchenzapfen gelegt werden.

Hinweis: Rehschinken kann ebenfalls trockengepökelt werden. Die Gewürzdosierung pro Kilogramm Wildbret entspricht in der Dosis diesem Rezept. Die Pökelsalzmenge ist auf 50 g Pökelsalz pro Kilogramm Wildbret zu reduzieren. Die Herstellungstechnik entspricht der des trockengepökelten Hirschschinkens. Vor dem Einreiben mit der Pökelmischung ist die ausgelöste und enthäutete Rehkeule zu rollen und zu binden.

Sonstige geräucherte Köstlichkeiten

Wichtige Hinweise

Neben der Roh- und Kochschinkenräucherei kann der Freund der „Fleischeslust" auch noch eine Reihe anderer Spezialitäten selbst räuchern. In erster Linie sind zu diesen Spezialitäten das Kochrippchen und die verschiedenen Roh- und Kochkasselerprodukte zu zählen wie Roh- und Kochkasseler, Schweinehals (Kamm, Nacken) oder Schweinebauch und Schweinekopf. Eine erlesene Köstlichkeit sind geräucherte Gänsebrüste bzw. Gänseschlegel. Geräucherte Teile von Rinder- oder Ochsenbrüsten und geräucherte Eisbeine sind ebenfalls sehr beliebte Genüsse.

Rohkasseler-Rippchen bzw. Rohkasseler-Schweinehals

1- bis 3-kg-Stücke vom Rippenstück oder Schweinehals 6 Tage lang in eine 12gewichtsprozentige Pökelsalzlake einlegen (oder spritzpökeln und noch

2 Tage in einer gleichprozentigen Lake lassen). Nach dem Pökeln am Fleischhaken einen halben Tag abtrocknen lassen und im Heißrauchofen ½ Stunde räuchern. Rohkasseler-Erzeugnisse sind nur außen leicht angegart, aber innen roh. Die ganzen Stücke werden jetzt in einzelne Rippchen zerlegt und anschließend beim Zubereiten durchgegart.

Kochkasseler-Rippchen bzw. Kochkasseler-Schweinehals

Hier wird genauso verfahren. Zusätzlich werden die Kochkasseler-Produkte nach dem Heißräuchern noch 90 Minuten in 80 °C heißem Wasser gegart.

Kochrippchen

Auch das Kochrippchen wird entweder lake- oder spritzgepökelt. Danach wird es nicht abgetrocknet, sondern sofort 90 Minuten in 80 °C heißem Wasser gebrüht. Normalerweise wird es nicht geräuchert. Zur Geschmacksverbesserung empfehle ich jedoch, es nach dem Erkalten im Kaltrauch 1- bis 2mal zu überräuchern.

Gänsebrust

Geräucherte Gänsebrust zählt mit zu den extravagantesten Räuchergenüssen überhaupt. Ihre Herstellung ist einfach, schnell und genauso problemlos möglich wie die aller übrigen Räucherwaren. Hierzu wird das Brustfleisch vorsichtig beiderseits vom Brustbein abgelöst, so daß noch beide Brusthälften durch die Haut miteinander verbunden bleiben. Es können auch gut gefrorene Mastgänsebrüste verwendet werden. Die Brüste legt man so in eine Schüssel und übergießt sie mit einer 10gewichtsprozentigen Pökellake. In dieser Lake bleiben sie 4 Tage liegen. Alsdann nimmt man sie aus der Lake, wäscht sie lauwarm ab und läßt sie einen Tag am Fleischhaken luftig abtrocknen. Danach ist die Brust so zusammenzuklappen, daß die beiden Fleischseiten aufeinanderliegen. Der offene Rand wird vernäht oder die ganze Brust mit Wurstgarn fest verschnürt. Anschließend werden die Gänsebrüste im Kaltrauch 7- bis 10mal überräuchert. Eine etwas höhere Rauchtemperatur bis ca. 40 °C ist hier, im Gegensatz zu Rohschinken, nicht gefährlich. Ein Zusatz von Wacholderbeeren zum Sägemehl kann nicht schaden.

Rinder- bzw. Ochsenbrüste

Teile von Rinder- oder Ochsenbrüsten eignen sich ebenfalls gut für die Räucherei. Allerdings sind nur Brüste von vollfleischigen Färsen und jungen Ochsen geeignet, da dieses Fleisch relativ zart und nicht zu fett ist. Sie können trocken-, lake- oder spritzgepökelt werden. Werden sie gekocht, so ist die Lake- oder Spritzpökelung zu empfehlen (siehe S. 27). Sollen Rohpökelwaren entstehen, ist darauf zu achten, daß das Rindfleisch nur 3–4 Tage alt ist (pH-Wert!). Ansonsten gelten die Vorschriften, wie bei der Rohschinkenherstellung beschrieben.

Schinkeneisbeine und Schweineköpfe (Backen)

Diese Räuchervarianten sind ebenfalls sehr beliebt und leicht durchzuführen. Die Teile müssen 6 Tage in einer 12gewichtsprozentigen Pökellake durchziehen. Nach dem Abtrocknen werden sie ½ Stunde heißgeräuchert, dann sofort 90 Minuten bei schwach wallendem Wasser gekocht. Das Spritzen mit der Pökelspritze verkürzt auch hier den Pökelvorgang auf zwei Tage!

Schälrippchen

Schälrippchen sind die abgeschälten Rippenknochen aus dem vorderen Teil des Schweinebauches. Zwischen den einzelnen Rippenknochen ist ziemlich viel Magerfleisch eingewachsen. Schälrippchen werden nur 2 Tage in eine 10gewichtsprozentige Pökellake eingelegt und dann entweder gekocht und kalt oder warm gegessen oder nach einer Trocknungszeit von einem halben Tag im Kaltrauch mehrere Male überräuchert. Sie werden dann roh gegessen oder als köstliche Zugabe zu einem Eintopf serviert.

Schweinebauch

Der Schweinebauch läßt sich bestens zu einer wohlschmeckenden Kochkasseler-Räucherware verarbeiten. Hierzu ist der Bauch entweder 6 Tage in eine 10gewichtsprozentige Lake einzulegen oder mit der Spritze zu pökeln und noch zwei Tage in Lake zu geben. Nach dem Pökeln Bauch luftig abtrocknen lassen und ½ Stunde im Heißrauch überräuchern. Sofort danach in kochendes Wasser legen und 90 Minuten bei 80 °C ziehen lassen.

Kochrippchen (Lakepökelung)

Was brauche ich?

Eine 12gewichtsprozentige Lake (120 g Pökelsalz in je 1 l Wasser auflösen)
1 gestr. Teel. Zucker pro Liter
1 Teel. zerstoßene Wacholderbeeren pro Liter

So wird's gemacht!

Rippenstücke ins Pökelgefäß legen. Ganz mit der hergestellten Lake bedecken. Pökelgefäß abgedeckt in einen kühlen Raum stellen (im Sommer auch Kühlschrank!). Nach 6 Tagen Rippenstücke aus der Lake nehmen, in sprudelndes Wasser legen und zurückschalten. 90 Minuten bei 80 °C ziehen lassen. Rippenstücke aus dem Brühwasser nehmen und in kaltem Raum (im Winter auch Balkon!) auskühlen lassen.

Tip: Kochrippchen werden normalerweise nicht geräuchert. Wer aber trotzdem nicht auf das angenehme Raucharoma verzichten will, kann den Rippenstrang nach dem Auskühlen noch 1- bis 3mal im Kaltrauch überräuchern.

Anmerkung: Auf die gleiche Weise können Schweinehals (Kamm), Schweinebauch sowie Vorder- und Hintereisbeine verarbeitet werden.

Kochrippchen (Spritzpökelung)

Was brauche ich?

Eine 12gewichtsprozentige Lake (120 g Pökelsalz in je 1 l Wasser auflösen)
1 gestr. Teel. Zucker pro Liter
1 Teel. flüssige Wacholderwürze pro Liter

So wird's gemacht!

Pökelsalz und Zucker auflösen, Wacholderwürze zugeben. Den Rippenstrang mit der Handpökelspritze impfen, dabei 20 % Lakemenge vom Fleischgewicht einspritzen (siehe Kapitel Spritzpökelung!). Rippenstrang in Pökelbehälter legen und mit einer gleich starken Lake bedecken. Nach 2 Tagen aus der Lake nehmen und wie bei Lakepökelung beschrieben weiterverarbeiten. Bei Wunsch ebenfalls 1- bis 3mal kalträuchern.

Anmerkung: Wendet man die Spritzpökelung an, so sind Kochrippchen, Schweinehals und Schweinebauch bzw. Eisbeine in 2 Tagen fertig. Die Anschaffung einer Handpökelspritze ist deshalb auf die Dauer sehr zu empfehlen. Schweinebauch wird von der Seite her gespritzt!

Rohkasseler-Rippchen (Lakepökelung)

Was brauche ich?

Eine 12gewichtsprozentige Lake (120 g Pökelsalz in je 1 l Wasser auflösen)
1 Teel. Zucker pro Liter
2 Teel. zerstoßene Wacholderbeeren pro Liter
2 Teel. ganzen oder geschroteten schwarzen Pfeffer pro Liter

So wird's gemacht!

Rippenstücke bzw. Rippenstrang in Pökelgefäß einlegen und mit der hergestellten Lake übergießen, bis die Stükke ganz bedeckt sind. 6 Tage durchpökeln lassen, herausnehmen und ½ Tag am Fleischhaken luftig abtrocknen lassen. Dann ½ Stunde im Heißrauch überräuchern. Abkühlen lassen.

Tip: Kochkasseler-Rippchen, Hals und Schweinebauch erhält man, wenn man die heißgeräucherten Rohkasseler-Produkte anschließend noch 90 Minuten in 80 °C heißes Wasser legt. Bei Kochkasseler-Erzeugnissen genügt eine Heißräucherdauer von 20 Minuten.

Anmerkung: Auf die gleiche Weise können Schweinehals (Kamm) oder Schweinebauch hergestellt werden. Rohkasseler-Erzeugnisse sind innen noch roh. Sie werden erst beim Kochen oder Grillen vollends gar. Sie bestechen durch ihren vorzüglichen Rauchgeschmack, den ihnen der Heißrauch verleiht.

Rohkasseler-Rippchen (Spritzpökelung)

Hier ist genauso zu verfahren wie im Rezept Kochrippchen (Spritzpökelung) angegeben. Der einzige Unterschied besteht darin, daß das Rohkasseler-Rippchen nach der Pökelung nicht bei 80 °C gebrüht wird, sondern nach dem Pökeln und Abtrocknen noch ½ Stunde im Heißrauch geräuchert werden muß. Die mit der Spritzpökelmethode gefertigten Rohkasseler-Rippchen, Hälse und Bäuche sind nach 2 Tagen durchgepökelt und können gegart werden.

Katenspeck (Lakepökelung)

Was brauche ich?

Eine 10gewichtsprozentige Lake (100 g Pökelsalz in je 1 l Wasser auflösen)

So wird's gemacht!

Schweinebauch mit Schwarten entweder 1 Woche in Lake legen oder nach Anleitung spritzpökeln und noch 2 Ta-

1 Teel. Zucker pro Liter
3 Teel. zerstoßene Wacholderbeeren pro Liter
½ Teel. Maggi pro 1 Liter

ge in eine gleichprozentige Lake legen. Nach dem Pökeln herausnehmen, 1 Tag abtrocknen lassen. 60 Minuten heißräuchern und sofort 90 Minuten in 80 °C heißem Wasser garen. Nach dem Garen aus dem Kochwasser nehmen und auskühlen lassen. Schließlich noch 1- bis 2mal im Kaltrauch überräuchern.

Geräuchertes Schweinefilet (Lakepökelung)

Was brauche ich?

Zutaten pro Liter Lake:
1 l Wasser
100 g Pökelsalz
½ Teel. Zucker
½ Teel. Kümmel
½ zerhackte Knoblauchzehe

So wird's gemacht!

Schweinefilets in eine Schüssel legen und mit der hergestellten Lake übergießen. 4 Tage pökeln lassen. Filets aus der Lake nehmen und lauwarm abwaschen. 1 Tag luftig aufhängen und mehrmals im Kaltrauch überräuchern.

Gerauchte Gänsebrust (Lakepökelung)

Was brauche ich?

Zutaten pro Liter Lake:
1 l Wasser
100 g Pökelsalz
½ Teel. Zucker
2 Teel. Wacholder

So wird's gemacht!

Gänsebrust vorbereiten, wie auf Seite 71 angegeben. 4 Tage zum Durchpökeln in Lake legen. Herausnehmen, zusammenklappen, umwickeln und verschnüren, warm abwaschen und zum Trocknen ½ Tag luftig aufhängen und mehrmals in etwas wärmerem Kaltrauch überräuchern. Auf das Sägemehl werden bei jedem Rauchgang einige Teel. Wacholderbeeren gestreut.

Hinweis: Gänseschlegel können auf die gleiche Weise behandelt und geräuchert werden. Der Knochen wird vor dem Pökeln entfernt.

Eindosen von Räucherwaren

Geräucherte Rinderzunge

Die Rinderzungen kommen meist schon gepökelt auf den Markt. Sind sie noch nicht gepökelt, so kann man sie selbst nach Vorschrift spritz- oder lakepökeln. Die vorbereiteten Zungen werden zunächst in kochendes Wasser gelegt und 1 Stunde gekocht. Dann in Stücke zerteilt und in Dosen gelegt. Als Aufgußflüssigkeit dient eine 3prozentige Kochsalzlake (in einem Liter Wasser 30 Gramm Salz auflösen). Dosen verschließen und einkochen.

Kochdauer: 400-g-Dose 150 Minuten.

Geräucherte Rinderzunge in Madeira-Aspik

Das Rezept entspricht dem der Rinderzunge. Die 3prozentige Kochsalzlake wird jedoch zusätzlich mit Madeirawein abgeschmeckt. Pro Liter Lake kommen noch 50 g gemahlene Gelatine dazu. Gelatine 15 Minuten quellen lassen.

Kochdauer: 400-g-Dose 150 Minuten.

Bauernschinken

Einen frischen, geräucherten und milden Rohschinken (ohne Schwarte) in dosengroße Stücke schneiden und in Dosen legen. Dosen bis 2 cm unter den Rand mit Wasser füllen und verschließen.

Wichtig: Schinken vor dem Zerteilen gut abwaschen!

Kochdauer: 400-g-Dose 120 Minuten.

Geräucherter Kochschinken

Vorderschinken (Bug, Schulterstücke) oder Keulenstücke nach Vorschrift (wie im Kapitel Kochschinken erklärt) spritz- oder lakepökeln. Danach ½ Tag abtrocknen lassen und 20 Minuten im Heißrauch überräuchern, bis die Schwarte ein gelbliches Aussehen hat. In dosengerechte Stücke schneiden, in Dosen legen, mit Wasser auffüllen und verschließen.

Kochdauer: 400-g-Dose 120 Minuten.

Tip: Auf die gleiche Weise können alle sonstigen Pökelwaren wie z. B. Kasseler, Hals, Bauch, Rippchen eingedost werden. Die Knochen werden nach dem Pökeln und vor dem Eindosen entfernt.

Geräucherter Kochschinken in Weinaspik

Schinken wie oben beschrieben vorbereiten und in Dosen legen. Pro Liter Wasser gibt man noch 50 g gemahlene Gelatine und 7 Eßl. Weißwein zu. Aufgußflüssigkeit gut aufrühren, 15 Minuten quellen lassen, in Dosen füllen und Dosen verschließen.

Kochdauer: 400-g-Dose 120 Minuten.

Schinken in Rotwein

Mild gepökelten und hellgelb angeräucherten Schinken in dosengroße Stücke teilen, in Dosen legen und mit einer Mischung $^2/_3$ Rotwein, $^1/_3$ Wasser bis 2 cm unter den Dosenrand übergießen. Dose verschließen.

Kochdauer: 400-g-Dose 120 Minuten.

Geräuchertes Schinkeneisbein in Aspik

Eisbeine nach Anleitung entweder lake- oder spritzpökeln. Abtrocknen lassen und ½ Stunde heißräuchern. Fleisch von den Knochen abschneiden, in Dosen einlegen. Zum Auffüllen der Dose werden pro Liter Wasser 50 g gemahlene Gelatine zugegeben. Die Gelatine dem kalten Wasser zufügen und 10 Minuten quellen lassen. Anschließend im Warmwasserbad erwärmen (60 °C), bis sie sich völlig gelöst hat. Aspik nach eigenem Geschmack mit etwas Kochsalz, Essig, Zucker und etwas Weißwein würzen. In die 400-g-Dose ca. 250 g Eisbein einfüllen und mit Aspikflüssigkeit bis 2 cm unter den Dosenrand auffüllen. Dosen verschließen und einkochen.

Kochdauer: 400-g-Dose 120 Minuten.

Tip: Auf gleiche Weise können Schweinekopf und Schweinebauch verarbeitet werden!

Das Messer blitzt, die Schweine schrein,
Man muß sie halt benutzen,
Denn jeder denkt: Wozu das Schwein,
wenn wir es nicht verputzen?
(Schein und Sein, 1908)

Gutes von und mit Schinken

Mit Ausnahme der Rezepte „Grill-Schinken", „Schinken in Brotteig" und „Schinken in Heu" sind die angegebenen Mengen für 4 Personen gedacht

Schinkensteaks

Was brauche ich?

4 Scheiben fingerdick geschnittener gekochter Schinken à 160–180 g
Weizenmehl zum Bestäuben der Schinkenscheiben
20 g Butter zum Anbraten
Früchte, je nach Jahreszeit, zum Garnieren des Schinkens (pro Person eine mittelgroße Scheibe Ananas oder ½ Pfirsich oder ²/₂ Aprikosen oder halbe gefächerte Äpfel oder Birnen)

Zutaten für die Sauce:
2 Eidotter
50 g zerlassene Butter
1 Messerspitze Maisstärke
1 Glas Eierlikör
1 Teel. Zitronensaft
Salz, 1 Prise Cayennepfeffer

So wird's gemacht!

Früchte waschen, schälen und entkernen (bei der Ananas das holzige Mittelteil entfernen). Frisches Obst kurz blanchieren, d. h. kurz in schwach gezuckertes, mit wenig Zitronensaft gewürztes, kochendes Wasser tauchen, abschrecken und auf einer Stoffserviette abtropfen lassen. Für die holländische Sauce schlägt man die Eidotter mit der Maisstärke, dem Zitronensaft, einigen Tropfen Wasser und dem Eierlikör im heißen Wasserbad oder am Herdrand auf. Diese Masse muß eine sämige, fast steife Bindung haben, ehe sie aus dem Hitzebereich genommen wird. Abseits auf dem Arbeitstisch wird dann nach und nach die zerlassene Butter untergerührt und mit Salz und wenig Cayennepfeffer abgeschmeckt. Die Schinkenscheiben mit Mehl bestäuben und in steigender (nußbrauner!) Butter auf beiden Seiten kurz anbraten. Auf eine feuerfeste Platte legen, mit den vorbereiteten Früchten garnieren und mit der holländischen Sauce überziehen. Im vorgewärmten Ofen bei 180 °C überbacken. Durch vorheriges Bestreuen mit geriebenem Emmentaler und etwas geriebenem frischen Weißbrot kann man die Backkruste pikanter machen. Als Beilage eignen sich Röstkartoffeln, Kroketten, Spätzle und Teigwaren sowie alle frischen Salate.

Schinkenpastetchen

Was brauche ich?

250 g gekochter Schinken
100 g Speck
1 Zwiebel
Pfeffer, Salz
2 Brötchen
3 Eigelb
1 Eßl. Milch
3 Eischnee
1 Paket Blätterteig aus der Tiefkühltruhe
Butter

So wird's gemacht!

Den Schinken mit dem Speck und der Zwiebel durch den Fleischwolf drehen und mit Salz, Pfeffer, den eingeweichten, ausgedrückten Brötchen und dem Eigelb zu einem glatten Teig verarbeiten. Den steifgeschlagenen Eischnee zum Schluß vorsichtig unterheben. Kleine Tortenförmchen mit Butter ausstreichen, mit dem messerrückendick ausgerollten Blätterteig auslegen, mit der Fleischmasse füllen, einen Deckel aus Blätterteig auflegen, andrücken und bei Mittelhitze goldgelb backen.

Schinken-Sandwich

Was brauche ich?

8 Scheiben Weißbrot (entrindet)
Butter
Senf
250 g roher oder gekochter Schinken (gewürfelt)

So wird's gemacht!

Weißbrot mit Butter bestreichen, mit gewürfeltem rohen oder gekochten Schinken belegen, evtl. dünn mit Senf bestreichen. Mit einer unbelegten Weißbrotscheibe bedecken und diagonal durchschneiden.

Schinkenschnitzel vom Grill

Was brauche ich?

4 Schweine- oder Kalbsschnitzel
4 Scheiben magerer, roher Schinken
Salz, Paprika
Butter zum Bestreichen
Petersilie
4 Zitronenachtel

So wird's gemacht!

Schnitzel mit Salz und Pfeffer (oder Paprika!) einreiben. Jedes Schnitzel auf beiden Seiten mit einer gleich großen Schinkenscheibe belegen und auf dem Grill von jeder Seite 8 Minuten grillen. Zwischendurch mehrmals mit zerlassener Butter beträufeln. Mit den Zitronenachteln und Petersiliensträußchen anrichten.

Schinkenpudding

Was brauche ich?

125 g Margarine
3 Eier
Salz, Pfeffer, Paprika
400 g Mehl
½ Päckchen Backpulver
¼ l Milch
250 g roher Schinken
gehackter Schnittlauch
Semmelmehl

So wird's gemacht!

Margarine schaumig rühren, nach und nach die Eier unterrühren. Salz, Pfeffer und Paprika dazugeben. Mehl mit Backpulver sieben und abwechselnd mit Milch unterrühren. Zuletzt den feingeschnittenen Schinken und Schnittlauch unterheben. Den Teig in eine gut gefettete, mit Semmelmehl ausgestreute Form füllen, gut verschließen und etwa 1¼ Stunde im Wasserbad auf kleiner Flamme kochen. Aus dem Wasser nehmen, die Form öffnen, einige Minuten stehen lassen. Den Rand mit spitzem Messer lösen, Pudding auf eine vorgewärmte Platte stürzen und mit Tomatensauce und grünem Salat servieren.

Schinken-Käse-Rouladen

Was brauche ich?

8 Scheiben gekochter Schinken
8 Scheiben Gouda-Käse
1 Ei, Salz
Semmelmehl
Bratfett

So wird's gemacht!

Je eine Schinkenscheibe mit einer entrindeten Gouda-Scheibe belegen und so aufrollen, daß der Käse im Schinken verschwindet. Die Rouladen in verquirltem Ei und Semmelmehl wenden und mit Holzspießchen zusammenstecken. In der Pfanne von allen Seiten knusprig braun braten. Hierzu passen sehr gut Bratkartoffeln, angebratene Klöße und Salat.

Schinken mit Rührei

Was brauche ich?

400 g gekochter Schinken
60 g Schweineschmalz
8 Eier
60 g Butter
Salz, Paprika, gehackter Schnittlauch

So wird's gemacht!

Schinken in nicht zu dünne Scheiben schneiden, in heißem Fett auf beiden Seiten leicht anbraten, auf vorgewärmten Teller legen. Eier mit Salz und Paprika verquirlen, zu Rührei verarbeiten, auf die Schinkenscheiben verteilen und mit Schnittlauch bestreuen.

Schinken in Burgunder

Was brauche ich?

400 g gekochter Schinken

Zutaten für die Sauce:
50 g Fett
50 g Mehl
3/8 l Brühe
1/8 l Burgunder
50 g Schalotten
10 g Butter
10 g Zucker
Salz, Zitronensaft

So wird's gemacht!

Schinken in fingerdicke Scheiben schneiden, in der heißen Burgundersauce 10 Minuten ziehen lassen. Paßt gut zu Butterreis oder Teigwaren.

Für die Burgundersauce aus dem Fett und Mehl eine dunkelbraune Mehlschwitze bereiten. Brühe und Burgunder aufgießen, glattrühren und 20 Minuten kochen lassen. Schalotten schälen und mit kochendem Wasser überbrühen. Zucker in der Pfanne mit Butter bräunen, wenig Brühe dazugeben, die Schalotten darin langsam glasig schmoren, die Sauce zugeben und 10 Minuten durchkochen. Mit Zitronensaft und Salz würzen.

Diese Sauce paßt ebenfalls hervorragend zu Wild, Braten und Rinderzunge.

Schinkenkroketten

Was brauche ich?

200 g roher Schinken
4 altbackene Semmeln
2 Eier
1 große Zwiebel
Salz, Paprika, gehackte Petersilie
Semmelmehl, Mehl, Backfett

So wird's gemacht!

Schinken fein hacken, mit den eingeweichten und ausgedrückten Semmeln, Eigelb, gehackten Zwiebeln, Salz, Paprika und Petersilie nicht zu locker verarbeiten. Kroketten formen, in Ei und Semmelmehl wälzen und in heißem Fett schwimmend goldgelb backen.

Schinkenrollen

Was brauche ich?

Gekochten Spargel
Rohen oder gekochten Schinken
Mayonnaise

So wird's gemacht!

Halbierten, gekochten Spargel mit Mayonnaise überziehen und in Scheiben von gekochtem oder rohem Schinken einwickeln. Mit Mayonnaise garnieren.

Schinkenquark

Was brauche ich?

3 Eßl. gewürfelter roher Schinken
250 g frischer Quark
3 Eßl. Dosenmilch
Salz

So wird's gemacht!

Quark mit Milch glattrühren und mit Salz abschmecken. Gewürfelten Schinken unterheben.

Schinkenschaum

Was brauche ich?

250 g gekochter Schinken
6 Eier
4 Eßl. Dosenmilch
2 Eßl. gehackte Petersilie und Kerbel
etwas Senf

So wird's gemacht!

Schinken sehr fein würfeln oder durch den Fleischwolf drehen. $^2/_3$ davon mit 2 ganzen Eiern, 4 Eigelb, Milch, Kräutern und Senf verrühren. In gut gefettete Förmchen füllen und bei 230 °C 10 Minuten überbacken. Inzwischen das restliche Eiweiß zu steifem Schnee schlagen, den restlichen Schinken vorsichtig damit vermengen, auf die Förmchen füllen und nochmals überbacken. Schnell zu Tisch bringen!

Rahmschinken

Was brauche ich?

4 fingerdick geschnittene Kochschinkenscheiben
$^1/_4$ l Rahm (Sahne)
$^1/_8$ l Weißwein
4 Toastbrotscheiben
$^1/_3$ Lorbeerblatt, Pfeffer, Salz, Thymian
$^1/_2$ Glas Weißwein
$^1/_2$ große Zwiebel
1 kleine Knoblauchzehe
1 kleinere Dose Tomatenmark
$^1/_2$ Glas Wasser

So wird's gemacht!

Zwiebel mit Gemüsehacker feinhacken und den Knoblauch mit etwas Salz feinreiben (Messerrücken). Tomatenmark mit Wasser und $^1/_2$ Glas Weißwein zum Kochen bringen. Zerdrückten Knoblauch, gehackte Zwiebel, Lorbeer, Thymian, Pfeffer und Salz zufügen. Alles 20 Minuten leicht kochen lassen. Die Kochschinkenscheiben in $^1/_8$ Liter Wein erwärmen. Die kochende Soße durch ein feines Sieb passieren und anschließend mit dem Rahm vermischen. Schinkenscheiben auf Toastbrot legen und mit der Soße überziehen.

Grill-Schinken

Was brauche ich?

Mild gepökelten (mit 10prozentiger Lake!) und geräucherten Rohschinken

So wird's gemacht!

Schinken je nach Größe länger oder kürzer auf dem Drehstab des Grills garen, oder Schinken in fingerdicke Scheiben schneiden und beidseitig auf dem Rost knusprig grillen. Mit Butter bepinselte und mit etwas Salz bestreute Maiskolben mitgegrillt, sind eine delikate Beilage.

Schinken-Eier-Rolle

Was brauche ich?

6 Scheiben gekochter Schinken
6 Eier
2 Teel. Senf
1 Packung tiefgekühlter Blätterteig
2 Eigelb
4 Eßl. Mayonnaise
6 Eßl. Kondensmilch
2 Teel. Senf
1 Löffelspitze Currypulver

So wird's gemacht!

Eier 5 Minuten kochen lassen, in kaltem Wasser abschrecken, schälen und in die mit Senf bestrichenen Schinkenscheiben einrollen. Den vorschriftsmäßig aufgetauten Blätterteig zu 2 ca. 7 cm breiten, länglichen Streifen ausrollen. Schinken-Ei-Rollen auf einen Teigstreifen legen, die Ränder mit Eiweiß bepinseln und den zweiten Teigstreifen darüber legen. Die Rolle mit Eigelb bestreichen und auf einem kalt abgespülten Blech in der Röhre bei 220 °C 20 Minuten backen. Zu der Schinken-Ei-Rolle eine fertige Mayonnaise reichen.

Schinken in Brotteig

Was brauche ich?

2 kg mildgepökelter (12prozentige Lake!) und leichtgeräucherter Rohschinken mit Schwarte
ca. 800 g Roggenbrotteig

So wird's gemacht!

Brotteig ca. 3 cm dick ausrollen und den Schinken mit der Schwarte nach oben auf den Brotteig legen. Schinken in Brotteig einhüllen und mit der Schwartenseite nach unten auf ein Blech legen. Bei 180 °C ca. 3½ Stunden backen. Fertigen Schinken aus dem Ofen nehmen und vor dem Aufschneiden einige Minuten ruhen lassen. Beilagen: Rustikales Bauernbrot, Salatplatte mit Kartoffel-, rohem Sellerie-, Spargel- und Tomatensalat.

Schinkennudeln

Was brauche ich?

250 g roher Schinken
250 g Bandnudeln
1 Zwiebel
1 Knoblauchzehe
3 Eßl. Tomatenmark
1 Eßl. Öl
1 gestr. Eßl. Salz, etwas Pfeffer
1 gestr. Eßl. Paprika edelsüß
1 Glas Rotwein

So wird's gemacht!

Nudeln in Salzwasser kochen und im Sieb abtropfen lassen. Zwischenzeitlich Schinken in feine Streifchen schneiden, den Knoblauch fein zerdrücken und die Zwiebel feinhacken. Schinken, Knoblauch und Zwiebel in Öl andünsten. Tomatenmark mit dem Paprika vermischen, zugeben und mit Wein auffüllen. 15 Minuten leicht kochen lassen, dann über die Nudeln geben.

Schinken in Heu

Was brauche ich?

Einen mild gepökelten und geräucherten Rohschinken sowie folgende Zutaten pro kg Schinkengewicht:
80 g frisches oder trocken aufbewahrtes Wiesenheu
1/3 Zweig Thymian
1 Lorbeerblatt
2 Gewürznelken
3 Wacholderbeeren

So wird's gemacht!

Geräucherten Schinken in einen großen Schmortopf legen, mit kaltem Wasser vollständig bedecken. Das Heu und die Gewürze zugeben. Rasch zum Kochen bringen, dann auf kleiner Flamme bei 80 °C 40 Minuten pro kg Schinkengewicht garen lassen. Nach dem Kochen Schwarte entfernen.

Hinweis: Schinken in Heu kann heiß oder kalt serviert werden. Wird der Schinken kalt gegessen, so muß der Schinken langsam im Sud abkühlen.

Zum guten Schluß . . .

Wenn Sie, lieber Schinkenfreund, diesen Ratgeber nur mal so durchgeblättert oder vielleicht auch schon ganz systematisch darin ,,geschmökert" haben, ist dabei bestimmt der Wunsch etwas stärker geworden, es doch mal mit dieser oder jener ,,Schinkenspezialität" zu versuchen. Wenn dies so ist, garantiere ich Ihnen, daß Sie in Kürze zum Stamm der ,,professionellen" Schinkenräucherer gehören. Das Rüstzeug hierzu halten Sie in Händen.

Die Anschaffung eines eigenen Räucherschrankes, der Ihnen ein treuer Wegbegleiter durch Ihr ,,Schinkenologenleben" sein wird und Ihnen edle Schinkengenüsse liefert, hat sich schon sehr bald amortisiert. Sie müssen nämlich nicht mehr dafür ausgeben, als Sie brauchen, wenn Sie Ihre z. B. vierköpfige Familie nur viermal zum Essen einladen.

Für die Räucherfreunde, für die ein Räucherschrank aus finanziellen oder sonstigen Gründen nicht in Frage kommt, besteht die Möglichkeit, den selbstgepökelten Schinken von einem ,,netten Fleischer" gegen ein kleines Entgelt einfach miträuchern zu lassen. Auch ist es gut denkbar, daß sich mehrere Räucherfreunde zusammen einen Räucherschrank anschaffen und dem Schinkenhobby frönen. Gemeinsam bringt dies besonders viel Freude und Spaß.

Selbstgeräucherte Schinken aus eigenem Rauchschrank sind bei jeder Party *die* Überraschung. Zu Brot oder Spargel eine Köstlichkeit! Bier sollte auch nicht fehlen! Schließlich noch etwas: Selbstgeräucherter Schinken ist eines der originellsten ,,Mitbringsel", das man sich überhaupt vorstellen kann – stimmt's?

Viel Spaß und alle guten Wünsche zum Gelingen der Rezepte und guten Appetit!

Wochenendtip für Individualisten

Für alle Schinkenfreunde, die das „Schinkenmachen" in einem Tageskursus praxisnah erlernen und miterleben möchten, werden jeweils im Winterhalbjahr (Oktober–März) Hobbykurse unter dem Motto „Zum Schinkenräuchern in den Schwarzwald" angeboten.

Geboten wird ein lehrreicher Wochenend-Räucherkursus im idyllischen Würzbachtal (Nähe Wildbad) in gemütlicher, familiärer Schwarzwaldpension. Eine ideale Gelegenheit, um aus erster Hand besondere Räucherkniffe, Tips und Rezepte in praktischer Anwendung zu erfahren. Ein Anschauungskursus in aufgelockerter und gleichgesinnter Runde zum Lernen und Kennenlernen.

Bei Wunsch besteht die Möglichkeit, entspannende und vergnügliche Stunden im nahen Wellen- oder Thermalbad, beim Wandern, Skilanglauf oder in der Sauna zu verleben.

Nähere Auskünfte und Anmeldung bei: Pension Talblick, Panoramaweg 1, 7261 Oberreichenbach-Würzbach, Tel. (0 70 53) 87 53.

Notizen

Notizen

Notizen

Notizen

Notizen

Notizen

Notizen

Notizen

Sind Sie ein Wurstologen-Typ? Testen Sie sich!
Haben Sie die 08/15-Wurst aus dem Schlachterladen oder Supermarkt satt? Möchten Sie selbst bestimmen, was in der Wurst drin ist? Würde es Ihnen gefallen, wenn Ihre Wurst 30 bis 50 Prozent billiger wird? Meinen Sie auch, daß Do-it-Yourself-Wurst besser schmeckt? Haben Sie Spaß daran, Dinge selber zu machen? Wenn Sie zwei Drittel der Fragen mit Ja beantwortet haben, sind Sie ein echter Wurstologen-Typ. Dann sollten Sie keine Zeit mehr verlieren und sich das Wurstbuch umgehend besorgen. Sie werden feststellen, wie einfach es ist, Wurst selber zu machen. Was Sie dazu brauchen und wo Sie es bekommen, steht alles in dem Buch, und natürlich viele, viele Wurstrezepte. ★ Karl-Friedrich Schmidt: Wurst aus eigener Küche. Ein Leitfaden für Hobbyköche, Grill- und Räucherfreunde. 2., neubearbeitete und erweiterte Auflage. 1983. 95 Seiten mit 11 Abbildungen, davon 5 farbig, im Text und auf 4 Tafeln und mit 6 Tabellen. Kartoniert 19,80 DM. ISBN 3-490-19315-6
Karl-Friedrich Schmidt
Wurst aus eigener Küche
Paul Parey
Mit Diätrezepten
2. Auflage
Verlag Paul Parey
Spitalerstraße 12 · 2000 Hamburg 1
PAUL PAREY